中公新書 2138



稲葉陽二著

# ソーシャル・キャピタル入門

孤立から絆へ

中央公論新社刊

## はじめに――なぜ社会関係資本なのか

人々の間の協調的な行動を促す「信頼」「互酬性の規範」「ネットワーク（絆《きずな》）」をソーシャル・キャピタル、日本語で社会関係資本と呼んでいる。二〇一一年三月十一日の東日本大震災は、言葉を失う痛ましい出来事であったが、同時に、日本という国の社会関係資本の厚みを世界に示した。見ず知らずの人への「信頼」、そして「お互い様」という互酬性の規範、そして人々の間の絆がこれほどまでに見事に示された例は戦後いまだかつてないだろう。本書のテーマはこの社会関係資本の再評価である。

全世界の人々は五人の人を介してつながっているという、世界的に著名な社会心理学者スタンレー・ミルグラムの有名な実験がある。日本でも同様の結果が得られており、西アフリカから出発して笑福亭鶴瓶《しょうふくていつるべ》に何人で辿《たど》り着くかという実験を、筆者もかつてテレビで観《み》たことがある。この場合は間に五人ではなく一三人を介したが、それでもつながった。

思わぬ人が知人の知り合いだったりして、「世間は狭いものですね」と相槌《あいづち》を打った経験は誰《だれ》にでもあるだろう。いわゆるスモールワールド現象だ。また、現代の若者は十代なら平均九三人、二十代なら平均一三五人もの友人・知人を携帯電話に登録しており、「知り合い増えすぎ現象」さえ見られるという[1]。

しかしその一方で、アメリカでは一九八五年から二〇〇四年までの二〇年間に、「重要な事柄を相談する人がいない」、とする人の比率が三倍になり、人々の持つ人的ネットワークの平均サイズも三分の二になってしまったという[2]。日本でも同様の傾向を示す結果が見られ、しかももっと短期間に進行している可能性がある[3]。高齢者の男性では、家族と同居していても孤独を感じる人が多いという[4]。

二〇一〇年に放映されたNHKの「無縁社会」は二〇〇八年の無縁死を三万二〇〇〇人と報じ、大きな衝撃を与えた。三万二〇〇〇人とは行政が葬儀費用を負担したケースで、これ以外にNPO（非営利組織）や個人が対応したケースもあると考えられるので、実際の無縁死はそれをさらに上回る[5]。いずれにしても、少なく見ても自殺者数と同じ数の方々が無縁死を遂げた。自殺者とあわせれば六万四〇〇〇人となる。厚生労働省の人口動態調査では二〇〇八年の死亡者数は一一四万三〇〇〇人だから、両者を単純に合計すれば、亡くなった方の一八人に一人が自殺か無縁死ということになる。

世界は狭いのに、そしてこれだけ双方向の情報化が進展しているのに、人はどうして孤独になるのか。そもそも、目覚ましい経済発展を遂げて世界第二位の経済大国を誇っていた結末が、孤独の蔓延《まんえん》というのはどういうことなのか。

人と人とを結びつける社会関係資本は、本来は人々の生活をより豊かにするもので、健康感や幸福感などにも深く結びついている。それなのに、これまで社会関係資本はあまりに当たり前のことのように扱われ、個人の問題とされてきた。

日本人の平均寿命は、男性七十九・六歳、女性八十六・四歳となり、二〇一一年四月現在の八十歳以上の推計人口は八五六万人と、人生九十年時代を迎えつつある。人にとって一番つらいことは、おそらく、社会的孤立とそれに伴う孤独ではないだろうか。人生の最期まで孤立感を持たずに生きていける社会の構築は、大きな政策課題であろう。我々が社会関係資本の再構築にどう立ち向かうかという課題は、もはや個人の問題ではなく社会的課題である。人生九十年時代に備えて社会関係資本を社会全体の課題として考える必要がある。

どうすればこの孤独の蔓延から脱することができるのか。本書は入門書であるが、基本的な志は日本の社会の絆と信頼の再建、再構築にある。

ソーシャル・キャピタル入門　目次

## 第6章　社会関係資本の男女差――111



## 第7章　社会関係資本を壊す――経済格差をめぐる議論とその現状――129

図表作成　山田信也（スタジオ・ポット）

# 第1章　社会関係資本とは何か

## 非常時に発揮された力

社会関係資本（ソーシャル・キャピタル）とは何だろうか。その定義には実にさまざまなものがあるが、わかりやすく言えば、人々が他人に対して抱く「信頼」、それに「情けは人の為《ため》ならず」「お互い様」「持ちつ持たれつ」といった言葉に象徴される「互酬性の規範」、人や組織の間の「ネットワーク（絆《きずな》）」ということになる。おおざっぱに言えば、これらの社会関係資本によって、集団としての協調性や、「ご近所の底力」といった、市場では評価しにくい価値が生み出される。

二〇一一年三月十一日の東日本大震災は、あまりの惨事に言葉もないが、唯一の救いは震災後、日本中が労《いたわ》りと優しさとに包まれたことであろう。言い換えれば、日本という国の社会関係資本の厚み、つまり、労りと優しさの源である見ず知らずの人への「信頼」、自分ばかりが得をしようと思わず、「お互い様だから」と譲り合う互酬性の規範、そして人々の間の絆が見事に示された。

震災中そして震災後、人々がテレビのインタビューやインターネット上などで発信した言葉には、感動が満ちあふれている。人々は他人の不幸に乗じたり、我先に行動するようなことは決してしなかった。避難所でも、駅でも、計画停電中でも、本当に忍耐強く、互いに譲り合い整然と行動した。それどころか、自分を犠牲にしてでも弱い者を救った。二〇〇五年八月のハリケーン「カトリーナ」のさいにアメリカで報じられたような、商店を略奪するような行為も皆無に近かった。警察も消防も機能していないのに、住民だけで治安が維持された。交通信号が消えているのに人々は交通ルールを守り、事故がほとんど起こらなかった。大切な家族を失ったり、家財も一切合切津波で流されてしまった被災者が多数にのぼったが、深い悲しみと絶望感のうちにありながらも、全国からの救援物資や災害派遣、ボランティアなどに対する感謝の言葉を述べていた。

筆者は三月十一日、東京の都心部で地震に遭遇した。徒歩で三時間かけて帰宅したが、車はまったく身動きできない状態であるにもかかわらずクラクションを聞くことはなかった。また、見ず知らずの者同士が声を掛け合い励ます姿も本当に多く見られた。翌日以降も間引き運転の電車を数百メートルの列をつくって待ち続け、「被災地の人たちのことを考えればなんのことはない」と答える。この千年に一度の大災害の中で世界中の人々を感動させた日本人の協調的な行動、その背景にある「信頼」「お互い様の規範」「ネットワーク（絆）」こそが、本書のテーマである社会関係資本である。(1)

## しがらみとしての側面

もちろん、社会関係資本がいつもこのように素晴らしいとは限らない。社会関係資本にはダークサイドもある。ネットワークは絆とも言い換えることができるが、絆は、『広辞苑』によれば「馬・犬・鷹《たか》など、動物をつなぎとめる綱」である。軛《くびき》であり、しがらみでもある。

三月十七日付の『ニューヨーク・タイムズ』紙は、福島第一原子力発電所の事故に関する東京電力と政府の発表について「困惑するくらい不明瞭《ふめいりょう》」と報じたが、東京電力と監督官庁との関係も「困惑するくらい不明瞭」である。この関係について日本経済新聞社の滝順一《たきじゅんいち》は五月一日付の紙面で次のように分析している。

> 甘さの背景には、もたれ合い体質がある。電力会社と政府の規制当局者、一部の学者が原発推進の国策の下で結び合い、現状を追認する。しかもだれかが決定的な判断を下すことは巧妙に避ける。役所は学者に安全性の判断を委《ゆだ》ねる。学者は安全のハードルを

そこそこの高さにとどめ、基準をこえる対応は事業者の自主対応に任せる。事業者は規制当局のお達しに従ったまでと言う。外部からは無責任にも映る「原子力村」の行動様式だ。(2)

本来公正中立の立場である者たちが電気事業者と癒着していたことは誰の目にも明らかで、だからこそ人々は東京電力の発表も政府の発表も、学者の解説も不信の目で見てしまう。NHKの国会予算委員会中継で、舌鋒《ぜっぽう》するどく首相の責任を問いただしていた野党議員が思わず「東電さん」と企業名に「さん」づけしていたのを聞き、改めて東京電力の資金力を背景にした影響力を認識させられた。原子力をめぐる人脈のネットワークは、少なくとも冷静な原子力発電の議論がしにくい雰囲気を醸成したという意味で、まさに社会関係資本の悪い面を持っていたのは間違いない。

このように、社会関係資本には良い面も悪い面もあるが、もう少し社会関係資本の特性を理解するために、まずは三つの話を紹介したい。最初は一九四〇年（昭和十五年）に書かれた次のような話である。

## ケース1――人間関係によって変わる社会関係資本

甲府《こうふ》の湯村《ゆむら》温泉の旅館、篠笹屋の番頭の喜十さんは、三人いる番頭の末席で、酒もたばこもやらず、話も下手で、見るからにうだつがあがらない男だ。「喜十さんはこの篠笹屋ではどうしても間抜けな人間になっている」。布団の上げ下ろしなど女中のやる仕事までやらされ、あげくの果てには客が不用意に風呂《ふろ》の石畳に置いた眼鏡を踏みつぶし、善処しようとしているのに女中頭に「まるで阿呆《あほう》扱いに頭ごなしに」叱責《しっせき》され「弁解する口がきけなくて、ただ無念のあまり涙が出そうになるのを押しこらえ」、謝る始末であった。湯村温泉は昇仙峡《しょうせんきょう》見物で春秋は客が来るが、八月と冬は閑散としてしまい、三人いる番頭の中で「何の芸もない」喜十さんはこの間は暇を取らされてしまう。いまでいうレイオフ、一時解雇である。

一方、伊豆《いず》の谷津《やつ》温泉にある東洋亭には、内田さんという、皆から信頼を集めている気のきいた粋《いき》な番頭さんがいる。身だしなみも良く、ときには朝帰りまでするが、それでも彼への周囲の信頼は揺るがない。

この番頭の名は内田喜十、つまり同一人物だ。毎年、甲府の温泉の閑散期、十二月から翌年三月にかけてと夏の八月は、湯村温泉のダメ番頭の喜十さんは伊豆の谷津温泉へ行き、そこでは有能な番頭内田さんに変身する。内田さんは、伊豆での仕事が終わると熱海《あたみ》に泊まり、そこで喜十さんへと変わる。「篠笹屋にいるときには女中の拭《ふ》き掃除《そうじ》まで手伝ってそれでもまだ女中に権《けん》つくを喰《く》わされて、酒も莨《たばこ》ものまないで勤直にしているのに阿呆扱いにされている。ところが伊豆のこの旅館では彼は茛ものみ、酒も表へ飲みに出かけるが、気のきいた粋な番頭さんだと見なされている」

これは、井伏鱒二《いぶせますじ》の小説『掛け持ち』(3)である。原作は文庫本でわずか二八頁《ページ》の短編だが、NHKが一九六一年に制作した「掛け持ちさん」というテレビドラマの原作であり、翌年には小林桂樹《こばやしけいじゅ》と司葉子《つかさようこ》が主役で、映画化もされている。短編小説でも一本の映画になるのだから、設定の面白さが際立っていたということであろう。

『掛け持ち』は人間の弱さをからめた人情劇の佳作だが、周囲の環境によって変わる番頭さんの立ち位置は、まさに社会関係資本の本質そのものをとらえた話でもある。こうした経験は程度の差こそあれ、誰にでもあるのではないか。気心の知れた友人グループの中や、指導者が自分を高く評価してくれていると思える集まりの中では、のびのびと振る舞い、実力以上の力さえ発揮する。ところが、そうした人間関係が希薄なグループの中にひとたび置かれると、萎縮《いしゆく》してしまって実力を発揮できない。つまり、人はその置かれた社会環境の中で大きく変わってしまうのだ。

社会心理学者の山岸俊男《やまぎしとしお》は、社会関係資本の例として、孟子《もうし》の母が子の教育のために三度住まいを変える孟母三遷《もうぼさんせん》の故事を挙げている。幼い頃《ころ》の孟子は墓地のそばに住んでいたときは葬式ごっこをやり、市場のそばに移り住むと商売ごっこをし、学校の近くに移り住むと学生の真似事《まねごと》をして遊ぶようになった。これも『掛け持ち』と同じである。社会学では「埋め込み」という表現を使うが、まさに周囲の人々との間に「埋め込まれた」何かがその人の行動に影響を与え、ときにはその人の能力さえも左右する。

伊豆の内田さんの社会関係資本と甲府の喜十さんの社会関係資本は、同じ人物でも大きく異なる。内田さんの社会関係資本は彼の能力を十二分に発揮させるものであるのに対して、喜十さんの社会関係資本は彼の力を殺《そ》いでしまう。社会関係資本とは、このように人々の置かれる人間関係によって大きく変わってしまうもので、周囲の人々との間に埋め込まれて存在している。

## ケース２――歴史や文化も社会関係資本に影響を与える

第二の話は現代の出来事である。二〇〇九年七月十六日、ヘンリー・ゲーツ氏は中国での仕事を終え、アメリカ、マサチューセッツ州ケンブリッジ市の自宅に戻ってきた。ケンブリッジ市はチャールズ河をはさんでボストンの対岸にある、ハーヴァード大学とマサチューセッツ工科大学がある街だ。あいにく玄関の鍵《かぎ》が引っかかってしまってうまく開かない。仕方がないので、裏口から入り、警報装置を切って、玄関を内側から開けようとしたが、それでもうまく開かなかった。結局、自宅まで乗ってきたタクシーの運転手にも助けてもらい、二人がかりで玄関をこじあけるはめになった。玄関の鍵が壊れてしまって無用心なので地域の警備会社に連絡をしているところに、通行人の通報を受けて駆けつけた警察官が入ってきた。警官から身分証明書の提示を求められたので、運転免許証と勤め先の証明書を見せた。その後、警官との押し問答が続き、結局ゲーツ氏は逮捕されてしまう。このとき、ゲーツ氏は警官に、「なぜなんだ。私がアメリカにおける黒人だからか？」（Why? Because I'm a Black man in America?）と叫んだと報じられている。自宅で手錠をかけられ、警察に連行された。犯罪容疑者として写真を撮られ、四時間拘束された後、四〇ドルを払って保釈された。

ゲーツ氏は五十九歳、ハーヴァード大学教授でアフリカ系アメリカ人史が専門の著名な学者である。白人の血も流れているとのことだが、見た目は完全にアフリカ系だ。一方、ゲーツ氏を逮捕したジェームス・クローリー巡査は、四十二歳の白人。ケンブリッジ市警で二〇年以上のキャリアがあり、彼を含めた四人兄弟全員が警察官という。

ゲーツ氏は、警官の対応は人種によるプロファイリング、つまりアフリカ系アメリカ人に対する先入観に基づく決めつけからの逮捕だと、強く抗議した。

七月二十一日、ケンブリッジ市警察はゲーツ氏を不起訴処分とし、警察の広報担当は「お互いに不幸な出来事」とコメントした。ゲーツ氏はこれを不服として、逮捕したクローリー巡査の謝罪を要求するが、クローリー巡査は職務を忠実に遂行しただけだとして拒否した。

その翌日、オバマ大統領は懸案の健康保険改革の必要性を強調するためにマスコミを集めてスピーチをしていた。質疑応答の最後で、このゲーツ氏の逮捕劇についてコメントを求められたさい「ケンブリッジ警察の振る舞いは愚か」とコメントし、これが全国放送で繰り返し放映された。幕が引かれたかと思われていた逮捕劇が、大統領のコメントで全米を巻き込む大論争を招くことになった。

その後、オバマ大統領は、ゲーツ氏とクローリー巡査の二人をホワイトハウスへ招くことを提案し、両氏ともこれを受けた。二〇〇九年七月三十日、夕方六時からホワイトハウスのオーヴァルオフィスの南庭で、副大統領も参加して四人がそれぞれの好みのビールを飲みながら歓談した。バイデン副大統領の参加は急遽《きゅうきょ》決まったもので、白人である警官のクローリー巡査一人をアフリカ系の大統領とゲーツ氏の二人が囲むよりも、白人とアフリカ系が同数のほうがよいとの大統領の判断とされている。ＣＮＮなどテレビ局はこれをビアサミットとはやし立てて実況中継したが、現実にはマスコミは遠くから、しかも短時間の撮影が許されただけであった。

さまざまな大騒ぎの後、ビアサミットが終わり、オバマ大統領は「我々を引き裂いているものよりも、我々を一緒にするもののほうが強いことがわかった」とコメントした。

このケースは明らかに、当事者間の感情問題だけでは済まされない根深いものを持っている。『掛け持ち』の内田喜十は、旅館という職場の狭い範囲の人間関係から影響を受けていたが、ここではゲーツ氏とクローリー巡査は一面識もない。人は個人的な関係だけでなく、より広い社会全体からも影響を受ける。前述したようにゲーツ氏は警官に、「なぜなんだ。私がアメリカにおける黒人だからか?」と叫んだと報じられている。「アメリカにおける黒人」という表現が物語っているのはまさに、おそらく何世代にもわたる長期的・歴史的・文化的な何かが、人々の社会全体に対する固定概念と信頼を形成するということだ。人は、職場や隣近所といった身近なコミュニティを超えた、社会全般に対する信頼を持っているが、社会関係資本は、この社会全体に対する信頼も含んだ概念である。

ただ、このゲーツ氏のケースからもわかるように、社会関係資本は社会全体にとっていつもプラスになるとは限らない。むしろ信頼できない、つまり不信という負の社会関係資本が生まれることもある。

## ケース3——市場の外にある社会関係資本

第三の逸話はハーヴァード大学のロバート・パットナムの『孤独なボウリング』(*Bowling Alone*)からの引用である。二〇〇〇年に刊行され、社会関係資本に関する古典となったこの本の第1章には、会計士のアンディ・ボシュマが、ボウリングを通じて知り合ったジョン・ランバートに腎臓《じんぞう》の提供を申し出るというエピソードが紹介されている。ランバートは、ミシガン大学付属病院を退職した六十四歳のアフリカ系アメリカ人で、それまで三年間腎臓移植を待っていた。一方、ボシュマは三十三歳の白人で「たまたまランバートの状態を知り、自分でも予期しなかったことだが、自分の腎臓の片方の提供を申し出たのだった」。パットナムは次のように述べている。

この感動的なストーリーはそれ自体が雄弁なものであるが、『アナーバー・ニュース』での報道につけられた写真は、彼らが職業や世代において異なっているのみならず、ボシュマが白人でランバートがアフリカ系米国人であることも明らかにしている。彼らが共にボウリングをしていたということが、違い（引用者注：通常の利己的な行動と、この献身との違い）を生み出したのだ。このような小さい部分においても――そしてもっと大きな部分においても――われわれ米国人は、互いに再び結び付け合わなければならない。本書のシンプルな主張はこの点にある。(4)

このケースは、人と人とのネットワーク、つまり社会関係資本から生まれる利他的な行動の感動的な例のひとつである。豊かな社会関係資本は、このような献身的な行為を生み出すことができる。「われわれ米国人は、互いに再び結び付け合わなければならない」という部分の「米国人」は、そのまま「日本人」に代えてもおかしくない。

だが、この話の本質は、ボシュマが無償の行為として腎臓の移植を申し出たことである。無償の申し出だからこそ、社会関係資本の例なのであって、もし、彼がランバートに金銭を要求したら、それは社会関係資本に基づくものではなく、単なる商行為にすぎなくなる。社会関係資本は多くの場合、利他的な行為を伴う。こうした利他的行為は市場の中で利己的な売買の対象に変えることができる。しかし、ランバートとボシュマのケースは、そうではないから貴重なのである。他人から好意を受けたとき、すぐに財布を取り出してお金を支払うのでは意味がないのである。満員電車でお年寄りに席を譲ったからといって、席を譲られたお年寄りはその好意に対して現金を支払ったりしないし、逆に席を譲る者がすぐに対価を要求するのでは、かえって社会関係資本は崩壊してしまう。

経済学では、ある取引が当事者以外の第三者に及ぼす影響を、外部性と呼ぶ。腎臓を提供するといった利他的行為は、多くの場合、好ましい影響を第三者に及ぼす。二〇一〇年から一一年にかけて起こった、匿名でランドセルを寄贈するタイガーマスク運動のように、一人が無償の利他的行為をすれば、それがまた別の利他的行為を生む。外部性は多くの場合、制度を工夫することによって市場に内部化できる。たとえば、ある企業が生産にあたって汚染物質を垂れ流しているような場合、その生産物を売買する市場とは関係のない周辺住民に健康被害を及ぼす。このように公害は負の外部性を及ぼすが、これは汚染物質の排出に課税することによって抑制することができる。つまり、汚染物質を排出しながら生産すると課税額が製品価格に上乗せされてしまうから、企業は汚染物質の排出を減らそうと努力する。こうして、市場に内部化できる。

外部性とは、個人や企業などの経済主体の行動に対して市場を通じないで影響を与えるものであり、便益を与えるものを外部経済、損害を与えるものを外部不経済と呼んでいる。外部経済の古典的な例は、養蜂《ようほう》業者の蜂《はち》が果樹園で花の間を飛び回り、蜜《みつ》を集めると同時に授粉するケースである。この場合、市場を通さずに養蜂業者と果樹園主の双方が便益を得ている。技術革新や教育によるスピル・オーバー（波及）効果、公園・歴史的建造物などが近隣に及ぼす効果も外部経済である。一方、公害や地球温暖化問題は外部不経済の例になる。たとえば麻薬を禁止するのは外部不経済が著しいからである。外部性は基本的に、市場の失敗をもたらすため、外部性の存在が政府の介入の根拠となっている。技術開発や教育を政府が支援するのも、外部経済がきわめて高いという判断があるからである。

腎臓の提供のケースはもっと簡単で、臓器取引の市場をつくってしまえばよい。実際に経済学者の多くは、そんな個人の善意に頼るのではなく、臓器市場をつくってしまえば、もっと効率的に、移植を受けなければならない人々を救えると議論するだろう。

しかし、社会関係資本の外部性は、市場に内部化してしまうと人の心を踏みにじることになり、社会関係資本そのものを毀損《きそん》してしまう可能性が高い。したがって、社会関係資本における外部性は、むしろ市場の限界を補完するものとして内部化しないほうがよいケースが多いのだ。実際、ボシュマは相手がランバートだから腎臓の提供を申し出たのであって、収入を得たいためではなかった。たとえ臓器市場があっても、それだけではボシュマは腎臓の提供を申し出なかっただろうし、ランバートは腎臓の提供者を見つけることはできなかったかもしれない。言い換えれば、このエピソードはボシュマとランバートの間にボウリングを通じて何らかの信頼関係があったからこそ成立した話であり、日頃の人づきあいがなければそもそも成り立たないという意味で、まさしく社会関係資本である。

## 誰が言い出したのか――社会関係資本研究の歴史

ここまで、三つの社会関係資本のケースを見てきた。社会関係資本という概念は、英語の social capital で、直訳すると「社会資本」だが、これでは日本では道路や橋などの社会インフラと誤解されてしまうので、最近では「社会関係資本」という言葉が定訳になりつつある。経済学では、資本とは、生産にあたって必要な要素（資本、労働）のひとつだが、この場合は、現金や債権などの金融資本ではなく、建物や設備などの物的資本であり、それに加えて労働者の教育や健康度を示す人的資本も含まれる。社会関係資本は、建物や設備などの物理的な資本や、教育などを反映した人的資本などと似通っている部分もあるが、大きく異なる部分もある。たとえば、教育や職場での経験などの蓄積である人的資本は個人に着目した概念だが、社会関係資本は必ずしも個人に帰するものではない。それどころか、たとえ個人に帰属するとしても、そもそも複数の個人からなるコミュニティが存在しなければ社会関係資本は成立しない。

以下では、この概念が誰によって、どのように用いられてきたかを概観することによって、社会関係資本についての概念の整理をしてみよう。

### ソーシャル・キャピタルの初出

現在のところ、ソーシャル・キャピタルという表現が初めて欧米で用いられたのは、アメリカ人でありながらイギリスで活躍した小説家ヘンリー・ジェームスが一九〇四年に発表した『金色の盃《さかずき》』だといわれている。この小説中でヒロインを形容する言葉のひとつとして、ソーシャル・キャピタルという表現が用いられている。青木《あおき》次生《つぎお》による訳では「社交上の元《もと》手《で》」となっている。この小説のヒロインが醸し出す雰囲気を形容した叙述の一節であり、ここでは個人の資質といった観点から、ソーシャル・キャピタルがとらえられている。

このほか、アメリカの教育者で哲学者のジョン・デューイの『学校と社会』にも、ソーシャル・キャピタルという言葉が使われている。この本は一九〇〇年刊行だが、ソーシャル・キャピタルという言葉は一九一五年の改訂版で追加された部分に含まれている。市村尚久《いちむらたかひさ》による訳(5)では「それら(引用者注:読み、書き、算盤《そろばん》)は、子どもの限られた個人的経験の及びうる可能な範囲を、はるかに超えている社会的資本という富の扉を、子どもに開いてやる鍵を意味している」となっている。この場合は、個人的な資質よりももう少し広い概念になっている。

これは、今日的な意味での社会関係資本の使い方に大変近い。しかし、いま使われているような使い方は、アメリカのウエスト・ヴァージニア州の地方教育長であったリダ・ハニファンの著作が嚆矢《こうし》とされている。ハニファンは一九一六年の『アメリカ社会政治学会年鑑』掲載の論文でソーシャル・キャピタルについて、次のように述べている。


(ソーシャル・キャピタルとは)不動産、個人の資産、現金などの有形な物を人々の日常生活の中で最も有用にするもの、すなわち、社会単位を構成する個人や家庭間の社会的な交流、善意、仲間意識、同情などであり、田舎のコミュニティでは、ほとんどの場合、必然的にその中心は学校である。もし、住民が隣人と接触すればソーシャル・キャピタルの蓄積となり、それは彼の社会的なニーズを直ちに満たし、コミュニティ全体の生活を大きく改善するのに十分な社会的潜在力を持つかもしれない。（中略）コミュニティ・ソーシャル・キャピタルの蓄積は公の祝い事、ピクニックやそのほかの多様なコミュニティの集まりで培われる。ある特定のコミュニティの人々がお互いに知り合いになり、催し物、社会的交流、個人的な娯楽などでときどき集まる習慣が形成されれば、適切な指導者によって、このソーシャル・キャピタルはコミュニティの幸福（well-being）の全般的向上に容易に向けられるかもしれない。(6)

このハニファンの論考は、コミュニティの中で人々の交流が独自の価値を持つという指摘であり、今日におけるソーシャル・キャピタルの定義としても十分通用する。ハニファンの論考は、前掲のデューイの『学校と社会』の改訂版が発表された翌年のものである。二人とも教育者で、しかも『学校と社会』は当時のベストセラーであるからデューイの影響を受けたものであり、実際ハニファンの論文の参考文献にはデューイの『学校と社会』が掲げられている。

## ジェイコブズによるソーシャル・キャピタル

その後、都市問題を基礎に鋭い文明批評を展開したジャーナリストのジェイン・ジェイコブズが人々の交流をもう少し具体的にとらえて、一九六一年刊行の『アメリカ大都市の生と死』[7]の中でソーシャル・キャピタルという言葉を用いている。

近隣地域における自治が機能するためには、人の動きの基礎に、近隣のネットワークを創《つく》りだしてきている人々の綿々たる継続性がなければならない。これらのネットワークは都市における不可欠なソーシャル・キャピタルである。[8]

つまりジェイコブズは、ネットワークをソーシャル・キャピタルとしてとらえた。また、彼女は同じ本の中で次のようにも述べている。

実際の人間というものはユニークな存在である。彼らは生涯の何年かというものを他のユニークな人間と有意義な関係を続けることに投じており、彼らは決して他人の代役で間にあわせるわけにはいかないのである。この関係が切り離されたら——ときにはしばらくの間は、あるいは永久に——彼らは有能な社会的存在として価値を失ってしまう。[9]

ジェイコブズによれば、ソーシャル・キャピタルは、個人的な「コネ」も含めて、自分を取り囲む他人との関係の中に存在している。機械や建物のような物理的な資本や、人の頭の中に存在する人的資本は、設備や人といった単位で単独にとらえることができるが、ソーシャル・キャピタルは一人きりの世界では成立しない。人との関係が断ち切られれば、人々は有能な社会的存在として価値を失う。複数の人間で構成される関係を社会と呼べば、ソーシャル・キャピタルは社会がなければ存在しえないし、その社会のあり方から大きな影響を受ける。

加えて、ジェイコブズのもう一つの論点は、それぞれがユニークな個人間のネットワークであるソーシャル・キャピタルは、番頭の内田さんと喜十さんのケースのように、それぞれユニークで多様な社会的文脈を形成するということである。言い換えれば、個人が置かれた社会的文脈、つまり自分をとりまく人々とどのようなつきあいをしているかを理解できなければ、ソーシャル・キャピタルの実態には迫れないことになる。

このように、ジェイコブズはネットワークの創り出す価値に着目し、ネットワーク自体を含めてソーシャル・キャピタルと呼んだ。

ネットワークの価値については、社会人類学者のジョン・バーンズも、ジェイコブズに数年先立つ一九五四年に指摘していた。ノルウェー西部にある人口四六〇〇人のブレムネス島には三つの社会的な場があることをバーンズは見出《みいだ》した。ひとつは行政管理の（ヒエラルキーをなす）組織体からなる地域性に基づく場、もう一つは漁船やマーケティング協働組合・ニシン油工場などの産業システムにより生み出された場、そして三番目に友人関係や知人関係の紐帯《ちゅうたい》で構成され組織単位も境界線も調整役もない場、の三つである。これらの社会的な場をネットワークと呼び、特に三番目の、特段の組織や制度が存在しなくても成立している友人関係や知人関係の紐帯で構成される社会的な場の形成に注目した。バーンズが発見した社会的な場は、ヒエラルキーに基づく役所型の組織でもなく、職場でもない。十九世紀のフランス人アレクシ・ド・トクヴィルは『アメリカにおけるデモクラシー』（一八三五年）の中で次のように述べている。

アメリカではあらゆる年齢層、あらゆる条件下の人々、あらゆる性格の人々が絶えずアソシエーションを形成している。（中略）アメリカ人は、娯楽のため、学校創設のため、宿泊所をつくるため、教会を立ち上げるため、本を普及させるため、地球の裏側に宣教師を送るため、などにアソシエーションをつくる。こうして、教会、刑務所、学校をつくる。(10)

バーンズの発見した社会的な場は、トクヴィルの言うアソシエーションのような組織にもつながるものであろう。

### 昔から存在

こうして見てくると、社会関係資本は市民的共和主義ないしは市民的コミュニタリアニズム（共同体主義）の流れを汲《く》むという見方もできる。リヴァプール大学のジェラード・デランティ教授によれば、この市民的コミュニタリアニズムは、「一七六二年の『社会契約論』で示されたジャン・ジャック・ルソーの政治思想にまで遡《さかのぼ》る」もので、一九五〇年代のハンナ・アーレント、一九八〇年代のベンジャミン・バーバー、ロバート・ベラー、一九九〇年代のフィリップ・セルズニック、アミタイ・エツィオーニやパットナムなどに受け継がれているとしている。(11)

つまり、ソーシャル・キャピタルの基本的な概念は決して新しいものではない。社会関係資本をネットワークからとらえるのは比較的新しいことだが、ネットワークや信頼の持つ重要性の認識は、古くから人々の生活の中に刻み込まれていたことは間違いない。個人はそれぞれユニークで変幻自在な社会的文脈の中にあり、社会関係資本もそうした社会的文脈の中で昔から存在していた。これらの独自の社会的文脈を持つ集団や地域社会をコミュニティと呼べば、コミュニティこそ社会関係資本の苗床を形成している。

# 第2章　信頼・規範・ネットワーク――三つの要素

## 社会関係資本の定義――個人のものか、人と人との間にあるものか

第1章で説明したように、社会関係資本とは人々の間の協調的な行動を促す「信頼」「互酬性の規範」「ネットワーク（絆）」をさす。前章では社会関係資本を、その語源と人々を取り囲む環境、特にコミュニティの観点から見たが、本章ではもう少し詳しくその定義を紹介することにしたい。まず、社会関係資本はどこに存在する、誰の資本なのだろうか。

パットナムは一九九三年に刊行した『哲学する民主主義』で、社会関係資本の定義を「協調的行動を容易にすることにより社会の効率を改善しうる信頼・規範・ネットワークなどの社会的仕組みの特徴」とした。この定義は「特徴」と述べるだけで、その実態に言及していないので、定義として成立していないという批判があるものの、最も人口に膾炙《かいしゃ》したものであり、その後の社会関係資本研究の呼び水となった。

彼は、その後二〇〇〇年にベストセラーとなった『孤独なボウリング』を刊行し、その中で次のように述べている。

社会関係資本が指し示しているのは個人間のつながり、すなわち社会的ネットワーク、およびそこから生じる互酬性と信頼性の規範である。この点において、社会関係資本は「市民的美徳」と呼ばれてきたものと密接に関係している。違いは以下の点にある――市民的美徳が最も強力な力を発揮するのは、互酬的な社会関係の密なネットワークに埋め込まれているときであるという事実に、「社会関係資本」が注意を向けているということである。美徳にあふれているが、孤立した人々の作る社会は、必ずしも社会関係資本において豊かではない(1)。

パットナムの影響を強く受け、二〇〇〇年に開催されたOECD（経済協力開発機構）とカナダのヒューマン・リソース開発局との合同専門家会議では、社会関係資本を「グループ内ないしはグループ間の協力を容易にさせる規範・価値観・理解の共有を伴ったネットワーク」と定義している。つまり社会関係資本とは、ネットワーク、互酬性などの規範、信頼ということになる。これらの定義には、第1章で述べた通り、社会関係資本が個人だけではなくコミュニティ全体の中に存在しているという考えが強い。

パットナムは、社会関係資本を個人の資産ではなく、社会やコミュニティに帰属するものとしている。しかし、社会関係資本を個人の資産と見る定義もある。文化資本の概念の提唱者として著名であるフランスの文化社会学者ピエール・ブルデューは、パットナムよりも前に社会関係資本の概念について定義している。ブルデューは「ソーシャル・キャピタルは、多少とも制度化された関係の永続的ネットワーク、お互いに知り合いであり認め合うネットワーク関係の所有、つまりあるグループのメンバーであることと関係する、現実および潜在的なリソースの集合である。これはおのおののメンバーに集合的に所有された資本、多様な意味を持つ信用を付与する一種の信任状にあたるものを提供するのである」[2]と述べている。つまりブルデューは、社会関係資本とは「あるグループのメンバーであること」から生まれる「ネットワーク関係の所有」のことであるとしている。社会関係資本はある特定のグループ(集団)の人間関係の中に「埋め込まれて」いるのだが、ネットワーク自体は個々人が所有しているのだから、社会関係資本は個人に帰するものということになる。

このほかにも、デューク大学のナン・リンは「人々が何らかの行為を行うためにアクセスし活用する社会ネットワークの中に埋め込まれた資源」と定義している。この定義の主語は「人々」であるから、リンの定義では、社会関係資本は個人に帰属するものである。また、彼の言う社会関係資本はネットワークであり、規範や信頼はその結果生じるものであって、社会関係資本ではないとしている。

このほか、アメリカのビジネススクールでは、いかに個人的なコネをうまくビジネスに利用するか、という観点から社会関係資本を論じるビジネススクール学派があり、彼らは基本的にはネットワークとその外部経済は個人に帰属するという考えを持っている。たとえば、社会学から派生してネットワーク論の観点から独自の structural holes（構造的空隙《くうげき》または構造的間隙《かんげき》）論を展開しているシカゴ大学ビジネススクールのロナルド・バートは「関係構造における個人の位置づけによって創造される利点」と定義している。これだけではわかりにくいので後ほど三三頁で図示するが、要するに、二つの異なったグループ間の橋渡しをすることに価値があり、これを社会関係資本としている。こうした橋渡しができる個人が昇進や昇給が早いとしている。

以上のように、ネットワークに焦点を当てる論者は、社会関係資本を個人に帰するものとする場合が多い。一方、互酬性の規範や信頼に重きを置く論者は、個人ではなく社会全体の協調的な活動に重点を置く傾向がある。また、社会全体やコミュニティのまとまりの良さを凝集性というが、健康と社会関係資本との関係を論じる社会疫学という分野では、社会関係資本を論じる場合、主に凝集性に重点を置き、社会関係資本からネットワークを外して議論するケースもある。

このように、社会関係資本の定義はさまざまだが、基本的には皆同じ方向を向いて、人々や組織の間に生まれる協調的な行動を分析するという課題に取り組んでいる。その基本的な構成要素としては「社会における信頼・規範・ネットワーク」を含んでおり、第1章の冒頭で述べたように、他者に対する信頼、「情けは人の為ならず」「持ちつ持たれつ」「お互い様」といった互酬性の規範、そして人やグループ間の絆であるネットワークを意味しているのである。

## 社会関係資本の五つの外部性

ここまでは代表的な社会関係資本の論者の定義を見たが、以下では筆者の定義[3]を紹介したい。筆者は、これまでいわれてきた「信頼・規範・ネットワーク」に「心の外部性」を加えて、社会関係資本を「心の外部性を伴った信頼・規範・ネットワーク」と定義している。

前章の繰り返しになるが、外部性とは、個人や企業などの経済主体の行動が市場を通じないで影響を与えるものであり、便益を与えるものを外部経済、損害を与えるものを外部不経済と呼んでいる。

社会関係資本の構成要素である信頼・互酬性の規範・ネットワークは、市場での売買が伴っていなくても個人や企業などの経済主体の行動に影響を与え、社会で重要な役割を演じている。市場を通さずにさまざまな経済主体の行動に影響を与えているということは、経済学でいう外部性を持っているということになる。しかも、社会関係資本の外部性は、以下の五つの観点から、通常の外部性とその性格を異にしている。

### 心の外部性

第一に、社会関係資本における外部性は、公害などの物理的な外部性と異なり、人が心の中で認識する能力に負うものである。つまり、人々の心に働きかけて、人々が認識して初めて意味を持つ、「心の外部性」である。

サン＝テグジュペリの『星の王子さま』(4)の中で、王子さまがキツネと出会い、「おいで、ぼくと遊ぼう」と声をかけるが、キツネは「なついていないから」遊べないと言う。王子さまが「『なつく』って、どういうこと？」と尋ねると、キツネは「それはね、『絆を結ぶ』ということだよ」と答える。キツネは「きみはまだ、ぼくにとっては、ほかの十万の男の子となにも変わらない男の子だ。だからぼくは、べつにきみがいなくてもいい。（中略）きみにとってもぼくは、ほかの十万のキツネとなんの変わりもない。でも、もしきみがぼくをなつかせたら、ぼくらは互いに、なくてはならない存在になる。きみはぼくにとって、世界でひとりだけの人になる。ぼくもきみにとって、世界で一匹だけのキツネになる」と答える。ここでの「なつく」は友情を育《はぐく》むと言い換えることもできよう。

友情を育むことは、経済学でいえば市場外の出来事なので外部性だが、王子さまとキツネが互いに心の中でそう認識して初めて成立する。キツネが王子さまに「いちばんたいせつなことは、目に見えない」と言うが、社会関係資本理論はその目に見えない「いちばんたいせつなこと」、つまり「心の外部性」を扱おうという試みのひとつなのだ。心の外部性というと、個人間の社会関係資本のみを対象にしているように見えるかもしれない。しかし、組織間でも、信頼は組織と組織を結ぶ組織内の人間（境界連結管理者）を仲介して生じるとされるので、組織間の信頼・規範・ネットワークの場合にも心の外部性が生じている。

### 内部化できない心の外部性

第二に、社会関係資本の心の外部性は、あえて市場に内部化しないことに価値があるケースが多い。この点はすでに第1章の臓器提供のケースでも見た。外部性は、外部経済にしろ外部不経済にしろ、制度的工夫により市場に内部化できる。公害なら、排出者に課税するか、補償金を出してやめさせるかの施策があるだろう。緑の多い整備された公園の隣人が享受する外部経済は、地価の上昇で市場に内部化できる。いずれにしても市場に内部化させる対応が可能であり、かつ資源配分の効率性の観点からも妥当である。しかし、社会関係資本における外部性は、「心の外部性」だからこそ、多くの場合は市場に内部化しないことに大きな価値があるのだ。他人から好意を受けたときに、すぐに財布を取り出してお金を払うのでは意味がない。友人の自宅に招かれたからといって、その好意に対してお金を支払ったりしないし、逆にそんなことをすれば社会関係資本が崩壊してしまう。

このように、社会関係資本の外部性は、市場に内部化してしまうと人の心を踏みにじることになり、社会関係資本そのものを壊しかねない。つまり、社会関係資本における外部性は市場に内部化はできるが、むしろ市場を補完するものとして内部化しないほうがよいことが多いのだ。

## 他者の存在が必要

第三に、社会関係資本における外部性は、個人や企業間の社会的文脈の中で成立している。公園の隣に住んでいる人は、市場を通じない満足感（外部経済）を単独でも得ることができるが、社会関係資本の外部性を享受するためには、必ず他者との何らかの社会的関係を必要とする。信頼は、社会全般に対するものでも、特定の組織や個人に対するものでも、どちらもその主体が存在する社会の中で初めて意味を持つ。同様に、互酬性の規範もネットワークも、どちらも他者が存在しているから成立する。つまり、ある特定の個人の社会関係資本は、どのような人と関係を結ぶかで絶えず変化する。

第1章で触れた孟母三遷の例では、墓地のそばに住んでいたときは葬式ごっこをやり、市場のそばに移り住むと商売ごっこをし、学校の近くに移り住むと学生の真似事をした。したがって、ある特定の個人のネットワークでも、反社会的勢力に属する人と関係を結べば、外部経済ではなく、外部不経済が生じることもある。

### 相対的位置で左右される

第四に、社会関係資本において得られる外部性の質は、社会の中での、個人や企業の相対的位置に影響される。

社会関係資本の基本概念のひとつに、異質な者同士を結びつけるブリッジング（橋渡し型）な社会関係資本と、同質な者同士が結びつくボンディング（結束型）な社会関係資本という区別がある。被災者救済のためにさまざまな経歴の人々が集まるＮＰＯなどのネットワークはブリッジングな社会関係資本であり、大学の同窓会、商店会や消防団等の地縁的な組織などはボンディングな社会関係資本である。

過去の実証研究によれば、ボンディングな社会関係資本は結束を強化する傾向があるが、

**図1◉閉じたネットワークと開いたネットワーク**

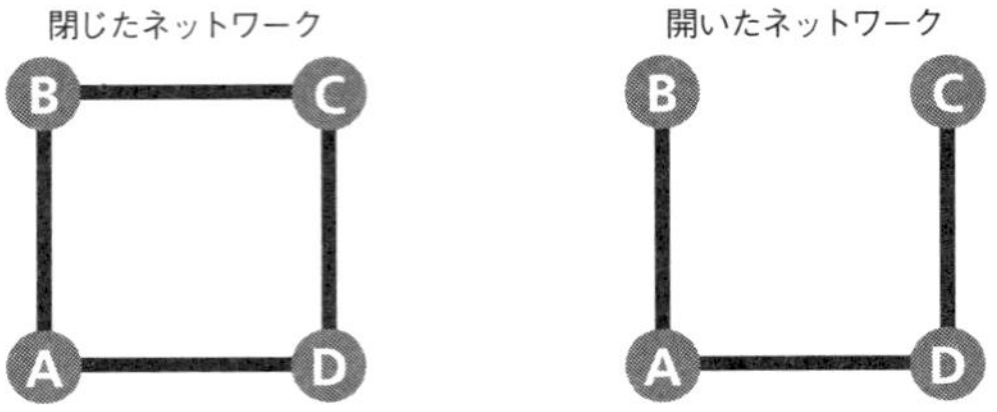


（出所）Coleman「人的資本の創造におけるソーシャル・キャピタル」より筆者作成

ブリッジングな社会関係資本は、情報の伝播《でんぱ》や評判の流布において強い外部性を持つとされている。たとえば、同じ仲良しグループのメンバー同士は、結束は固くても、同じゴシップが堂々巡りしてしまい、新しい情報を得るには向いていないかもしれない。親しい友人の間では、その話はもう聞いたとか、もともと私があなたに話した話だとかいうことが、まま起こる。

新しい情報を得たり、逆に情報を流すためにはバックグラウンドが異なる人々のネットワークのほうが適している。なぜなら、バックグラウンドが異なれば、それぞれが異質なネットワークに属しているため、異なる情報源を持っていることが多いからだ。偶然にしろ、意図したにしろ、個人や企業が置かれた社会的文脈における相対的な位置が、社会関係資本の外部性の質を決める。

## 閉じたネットワークと開いたネットワーク

**図2◉ネットワークの空隙**

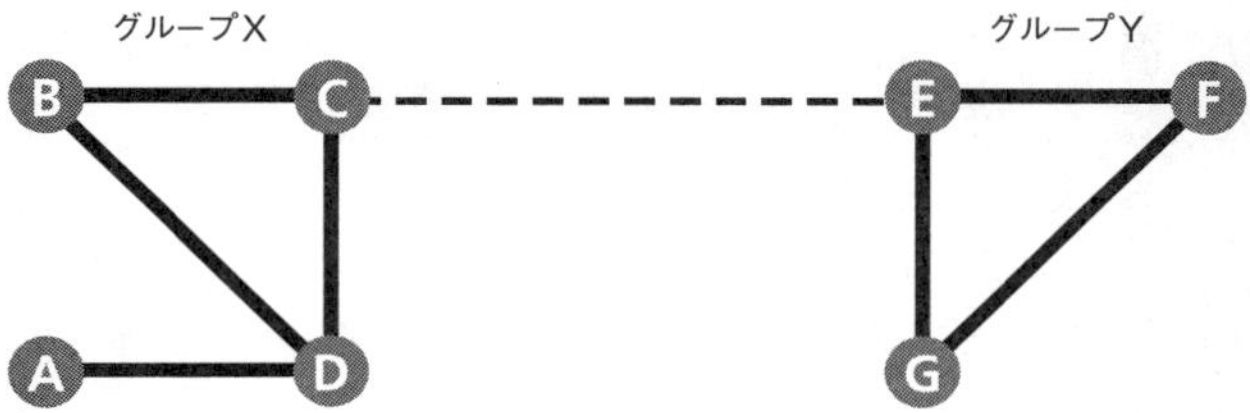


（出所）バート『競争の社会的構造——構造的空隙の理論』安田雪訳より筆者作成

このほか、ネットワークのあり方に関連して、閉じたネットワークと開いたネットワークという概念がある。これは、シカゴ大学のジェームス・コールマンが提唱したもので、彼は図1のような概念図を示して、ネットワークが閉じているほうが互酬性の規範がより貫徹しやすいと論じた。

このネットワークの構造に関連して、バートは、個人のネットワークの中での空隙を埋めることに意義があり、そこから生じる付加価値が社会関係資本であると論じている。図2でいえば、グループXに属する個人Cは、同じグループのAとはすでにDを介してネットワークがつながっているので、新たにAと紐帯を張る、つまり何らかの社会的な関係を持つよりも、グループYのEと紐帯（点線で表示）を張るほうが、付加価値が高いという主張である。両者の主張はいずれも、社会関係資本の外部性は、社会的文脈の中での個人や企業の相対的位置に影響されるということを意味している。

## スピル・オーバー（波及効果）の高さ

第五に、社会関係資本における外部性は、スピル・オーバー（波及効果）が高い。教育や技術革新における外部性はスピル・オーバー効果が中心になるが、それと同様に、「心の外部性」にもスピル・オーバー効果がある。人には「類は友を呼ぶ（homophily）」性向がある。つまり、人々は似た者同士のネットワークをつくる習性があり、このようなネットワークの中では、情報が伝播しやすい。さらに、人々の特定の個人への評価は第三者の判断に影響される。その結果、信頼や不信が増幅される。そのうえ個人は、ネットワークに内在するスモールワールド現象によって、結果的に自分の限られた交際範囲を超えた広範な人々と間接的に結びついている。「はじめに」で紹介したように、世界的に著名な社会心理学者スタンレー・ミルグラムの有名な実験では、全世界の人々は五人の人を介してつながっているという。また、ネットワークを介さなくとも、テレビ、インターネットやその他のメディアを通じて影響を受けることにより、信頼はより一層強い信頼を生み、その喪失は一層の信頼の失墜を招く。規範にも同様にスピル・オーバー効果がある。

また、社会関係資本には幸せを運ぶスピル・オーバー効果もある。自分が幸福だと周りの人も幸福になるというものだ。アメリカで一九八三年から二〇〇三年まで四七三九人を追跡調査したデータを用いて、幸福は人々の間に伝播するという研究結果が二〇〇八年に発表された。[5] 幸せな友人が半径八〇〇メートル以内にいると、本人も幸せに感じる確率は、そうでない場合と比べて四二％高まり、距離が一・六キロメートルに伸びても幸せになる確率は二五％高い。この幸せの伝播は三次の隔たり、つまり友人の友人のそのまた友人まで有効で、逆に不幸は幸福ほど他人に広がらないという。つまり、幸せは人のネットワークの中で増殖力があり、かつ不幸と幸福の広がりは非対称的だという。また、ネットワークの中心にいる人のほうが、ネットワークの端にいる人より幸福だという。

### 公共財、私的財、クラブ財

社会関係資本の定義には、社会関係資本が個人に属するという考えと、社会関係資本は人や企業が活動している場に存在しているという二つの考えがあることを紹介したが、両者をまとめて広義の社会関係資本ととらえることができる。この場合、社会関係資本、つまり「社会における信頼・規範・ネットワーク」は、公共財、私的財、クラブ財の三つに分類できる（表1）。

信頼・規範などの価値観は、社会や広範なグループに関する場合が多いが、それらは多くの場合、対象となるメンバー全体への信頼や規範であり、特定の個人に対する信頼・規範ではない。こうした社会全般に対する信頼（一般的信頼と呼ばれる）・規範などは、経済学でい

**表1◉社会関係資本の定義**

| | |
|---|---|
| 私的財としての社会関係資本 | 個人間ないしは組織間のネットワーク |
| 公共財としての社会関係資本 | 社会全般における信頼・規範 |
| クラブ財としての社会関係資本 | ある特定のグループ内における信頼・規範（含む互酬性） |

（出所）筆者作成

う消費における非排除性や消費の非競合性といった公共財の性質を持っている。非排除性とは文字通り、利用する対価を支払っていない者がその財を消費することを物理的に排除できないということで、国防サービスなどがその典型例である。消費の非競合性とは、たとえばテレビ放送のように、特定の個人がその財を消費しても、他人が消費できる量が減ったりしないことをいう。つまり一般的信頼は、特定の個人だけ享受できないようにすることはできないし、一人の個人が第三者を信頼したからといって、他の個人への信頼がそのぶん減るわけでもない。

一方、私的財とは我々が日常生活で売ったり買ったりしている財やサービスのことで、ネットワークは基本的に個人や企業などの間に存在するので、私的財としての性質を持っている。また、ネットワークが特定の規範と結びつくと、特定のメンバー、たとえば大学の同窓会や地域の町内会のメンバー間だけで消費の非競合性を持つクラブ財としての性質を持つ。特にクラブ財としての社会関係資本は、その規範の内容としてメンバー間では何か恩恵を受けると必ずお返しをすると

**図3◉社会関係資本の概念整理－3つの社会関係資本**

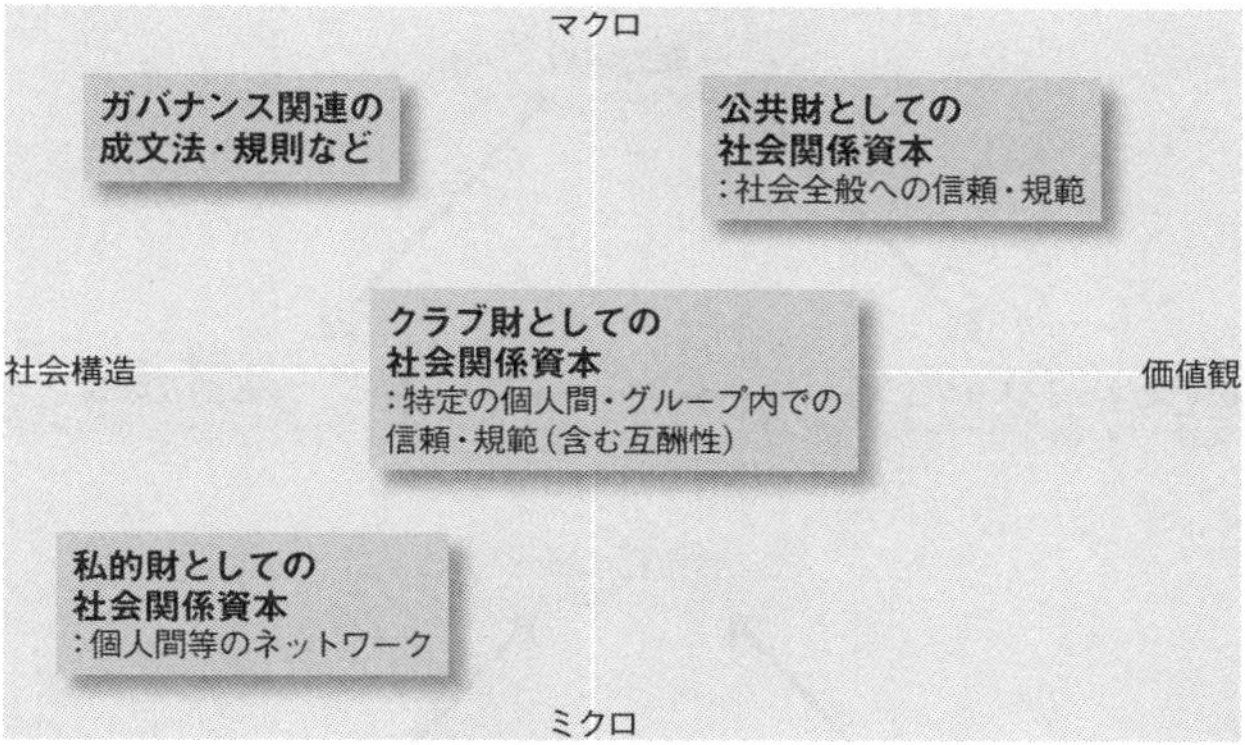


（出所）グロタルトらの論文を参考に筆者作成

いう互酬性を含んでいる。

前記の定義は、図3に示されるように対象の範囲（ミクロかマクロか）と性格（構造的なものか価値観などの認知的なものか）に分けて考えることもできる。ネットワークは基本的にはミクロであり、また構造的なものであるから図3で左下の第三象限に示される。社会全般に対する信頼（一般的信頼）・規範はマクロであり、心の中で生じている認知的なものなので、図3では右上の第一象限に示される。また、特定の個人やグループ間のネットワークに基づく信頼・規範はその中間に示される。

## 信頼・規範・ネットワーク間の関係

さて、本章では社会関係資本の定義と概念の整理をしてきたが、社会関係資本の中身である信

**図4◉社会関係資本の二つの三角形**

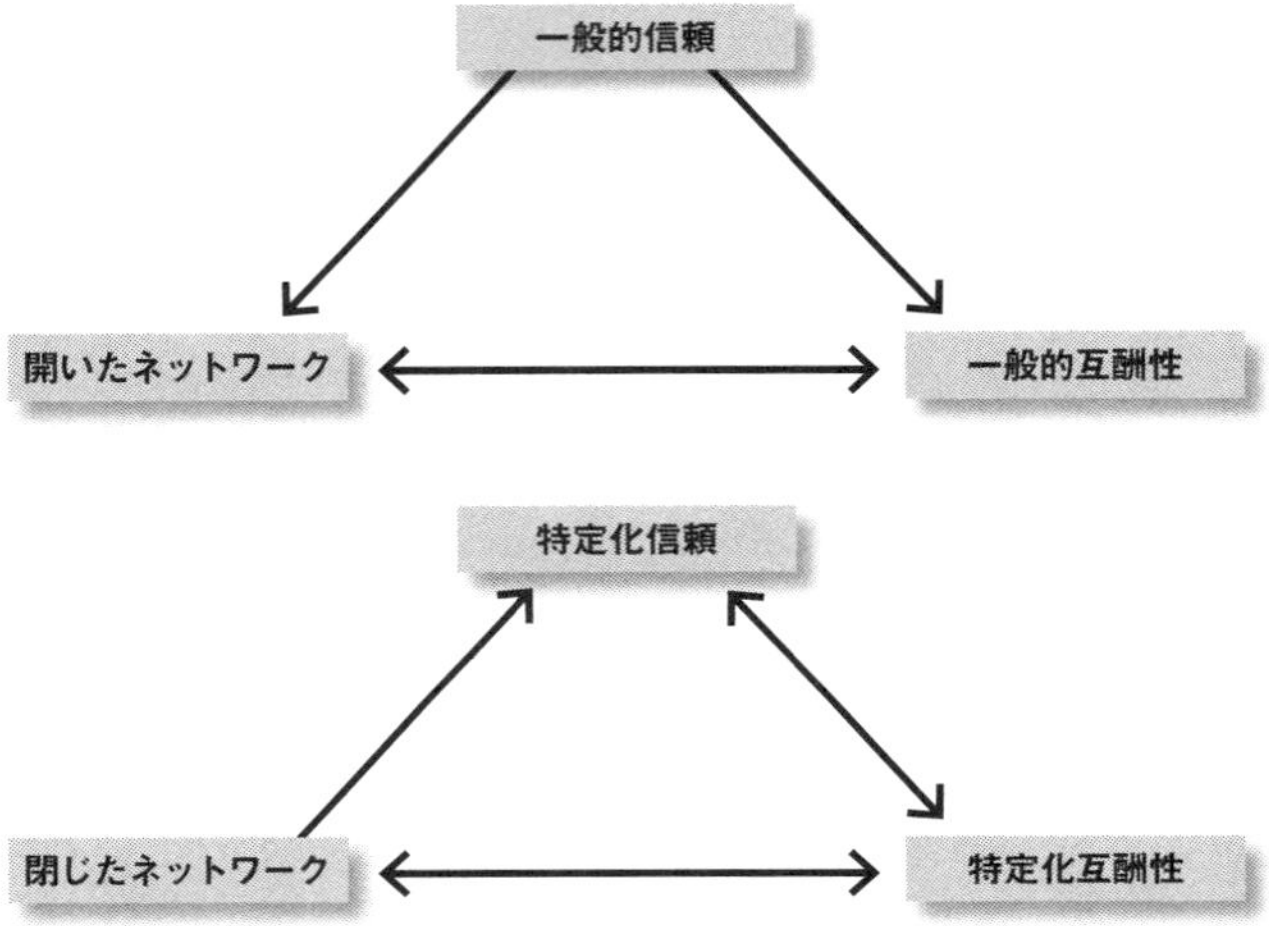


（出所）筆者作成

頼・互酬性の規範・ネットワークのそれぞれの関係はどうなっているのだろうか。

筆者は単純化すれば図4のような形になるのではないかと考えている。メリーランド大学のエリック・アスレイナーは、信頼には社会全般に対する信頼（一般的信頼）と特定の人や組織に対する信頼（特定化信頼）の二種類があるという。マーク・ワーレンはこれを敷衍《ふえん》して、互酬性の規範も社会全般への一般的互酬性（見ず知らずの他人に挨拶《あいさつ》を返す）と特定の人や組織に対する特定化互酬性（知り合いにだけ挨拶を返す）があるとしている。たとえば山登りのときはすれ違う人誰にでも挨拶するが、エレベーターの中では知っている人としか挨拶しないように、互酬性の規範が複数あるのである。またすでに見たように、コールマンはネットワークにも閉じたネットワークと開いたネットワークがあるとした。これらを結びつけたのが図4である。一般的信頼は、開いたネットワークと社会全般への互酬性と関連しており、特定化信頼は、閉じたネットワークと特定化互酬性と関連している。この仮説では、実は社会関係資本は一般的信頼に連なるネットワークと互酬性、特定化信頼に連なるネットワークと互酬性の二種類があることになる。実際、アンケート調査を分析すると、一般的信頼と特定化信頼との相関は思いのほか低い。つまり、両者は別々のものである可能性が高い。

しかし、実際のネットワークは、閉じた部分と他のグループとつながっている開いた部分が混在しているので、そのネットワークのどの部分に自分自身を置くかによって、個人的には性格が違う社会関係資本の中に身を置くことになるだろう。

信頼とネットワークとの関係について、閉じたネットワークはどうしても閉鎖的になり、特定化信頼を醸成するという関係が考えられる。つまり、「閉じたネットワーク→特定化信頼」という因果関係である。一方、一般的信頼は、むしろ格差や教育などの外生的な要因に影響を受け、ネットワークとの関係でいえば、「一般的信頼→開いたネットワーク」という逆の因果関係が考えられる。

# 第3章　社会関係資本は何の役に立つのか

## 社会関係資本の潜在力

社会関係資本は、いったい何の役に立つのだろうか。信頼・規範・ネットワークが社会関係資本の要素といってもこれらは当たり前すぎて、どのような成果と結びついているかよくわからないと思うこともあるだろう。

第2章で説明したように、社会関係資本には外部性を伴う。社会関係資本は、我々の日常生活のあらゆる面に影響する。社会関係資本が影響を及ぼす分野として、①企業を中心とした経済活動、②地域社会の安定、③国民の福祉・健康、④教育、⑤政府の効率、などがある。④教育と⑤政府の効率はともに、社会関係資本の結果であると同時に、社会関係資本を築く要因でもある。以下では社会関係資本の影響をできるだけ単純にわかりやすく解説することを試みたい。なお、最も活発に研究が行われている健康の分野については、第5章で扱う。

## 経済活動への影響

良好な社会関係資本は、経済活動に良い影響を与える。

一橋大学の伊藤邦雄《いとうくにお》は、日本経済の長期停滞の原因として、企業のそれぞれの事業部をあたかも独立した一会社のように扱う社内カンパニー制が多くの会社で導入されていることを挙げていた。カンパニー制の導入により、会社全体ではなく自部署だけの「部分最適化」がはかられ、その結果、「社員の視野狭さく化」と「小さくて弱い本社」を生んだという。

部分最適化や社員の視野狭さく化は、部門間の連携を阻み、異質な知の融合や新たな知の組み替えを阻止し、ひいては事業や技術のイノベーションの芽をつんだのである。日本企業は、自分の職務を明確には規定せずに、他の部署やメンバーとの融通むげに連携するチームワークこそ強みだった。(中略)「経営とはコミュニケーション」という鉄則に照らせば、日本企業の経営は実に合理的であった。だが九〇年代以降、濃密なコミュニケーションの場を自ら放棄してしまった。(1)

要するに、企業内のネットワーク、つまり社会関係資本を壊してしまったことが今日までの長期にわたる日本経済の停滞を招いたということだ。

社会関係資本、特に人や組織間のネットワークは企業活動と密接に関係している。企業内のネットワークを壊せば、伊藤の指摘するように、企業内のコミュニケーションを滞らせる。また、信頼、なかでも顧客など取引先からの信頼は企業にとっては生命線である。企業活動、経済活動を円滑に行うためには一般的信頼も不可欠になる。つまり社会関係資本は企業活動の根幹に関《かか》わっているといえる。

実際、生産ラインも物流システムも人事のマネジメントシステムも、ビジネスの現場はネットワークそのものなので、ネットワークとしての社会関係資本の応用例は枚挙にいとまがない。

一橋大学の西口敏宏《にしぐちとしひろ》は、一九九七年二月に起きたアイシン精機の工場火災事故のさいに発揮された、トヨタのサプライヤー（供給者）が一丸となって迅速な対応をしたケースを挙げて、企業間のネットワークの再構築を常に心がけて、ネットワークにバイパスを設けておくことの重要性を指摘している。

アイシン精機は当時、すべてのトヨタ車に装着されているブレーキ関連の特定の部品を製造していたが、その部品の生産ラインが火災になり供給が止まってしまった。当初復旧に数ヵ月はかかると予想され、長期にわたる自動車の生産停止が懸念されたが、他のサプライヤーが協力して、わずか一〇日で代替部品の供給が再開された。これはトヨタが自主研究会という異業種間の交流のネットワークを設けていた成果であった。このような事例は二〇一一年の東日本大震災の後の対応にも見られている。

ネットワークは個人間と組織間の二種に大別できる。個人間のネットワークには自らが属する組織内（社内）のネットワークとそれ以外の組織（社外）のネットワークがある。京都大学の若林直樹《わかばやしなおき》は、企業間のネットワークの主な研究対象として、①兼任取締役ネットワーク、②系列、③サプライヤー・システム、④提携、⑤産業集積の五つの領域を挙げている。前記のアイシン精機の例は、③のサプライヤー・システムに関するものである。①の兼任取締役ネットワークというのは、欧米、特にドイツでは外部取締役の兼任関係を通じて企業間がつながっている点に着目したもので、日本では②の企業系列がらみのネットワークとも関連してくる。④の提携は、自社の資源を補完するために行うのだが、その形成には企業の持つ既存のネットワークが重要になる。⑤の産業集積は、地域や業種の近い企業間のネットワークで、イタリアのコモ湖周辺の中小企業間のネットワークやアメリカのシリコンヴァレーのIT産業やボストンのバイオ産業のケースなどが挙げられる。

以上は組織間のネットワークの話だが、個人についても組織内外のネットワークがものをいう。組織内における個人のネットワークの例として、部門間を横断するチーム（クロス・

ファンクショナル・チーム）が挙げられる。

日産では、再建の過程でカルロス・ゴーンがクロス・ファンクショナル・チームをつくった。このさい、課題別に全社横断的なタスクフォースをつくり、かつ経営トップに直接提案を報告させ、成果を人事考課にも反映させるやり方をとった。これにより、それまでバラバラに思考・行動していた各部門を一体と感じさせることに成功し、企業内での各部門の活動の位置づけも明確になったという。つまり、社内のネットワークの再構築を企業再建のテコにしたのだ。

それでは、企業内の個人はどのような社会関係資本を構築すればよいのだろう。第2章で、閉じたネットワークは規範が行き届きやすく、外に開いたネットワークは新たな情報を得るのに適しているという議論を紹介した。内部でメンバー同士が強く結びついている状態を凝集性と呼ぶが、閉じたネットワークは凝集性が高い。この議論からすれば、一致団結して課題に対応するには、凝集性が高い閉じたネットワークのほうが適しているが、何かイノベーションを行うには開いたネットワークのほうがよいということになる。工場での生産ラインでは閉じたネットワークが有効であり、コンサルタントなどは開いたネットワークがなければ商売にならない、ということもいえよう。

第2章で触れたバートの議論は、企業内でも企業外でも、異なったグループ間の橋渡しをする関係を築くことに価値があるとした。これは開いたネットワークを作り出すことに価値があるという議論で、彼は、さまざまな実証例を挙げている。たとえば、自分の持っている他人とのネットワークが所属するグループだけに閉じられておらず、異なるグループ間の架け橋となる人ほど、人事評価で高い評価を受け、給与が高く、昇進の可能性やボーナスも高いという結果を、アメリカの物流会社、投資銀行、コンピューターメーカー、フランスの化学・製薬メーカーなどのデータで実証している。バートの議論は説得力があり、かつ大きな反響を呼んだが、実際の実証研究では凝集性の効果、つまり閉じたネットワークの効果の実証例が多く、バートの実証を追試した例は少ないように見える。

いずれにせよ、企業内での人間関係は複雑で派閥争いも絶えない。八方美人的な無節操な人間関係の構築は、個人的にも組織から見ても弊害がある。若林は、「目的に応じてネットワークには理想の形があるので、むやみやたらと人脈を広げることはむしろ有害である。(中略) 目的意識を持って、それに効果的な社会関係資本となるネットワーク作りとそのマネジメントを考える必要がある」[2]と指摘している。

以上は経営学の観点からの議論だが、経済活動全体から見ても、社会関係資本には売り手と買い手の間にある情報格差(情報の非対称性)を補完する正の外部性がある。情報は不完全だが、この人なら信用できる、この会社ならおかしなことはやらないだろう、という信頼が、情報不足を補完する。その結果、契約や訴訟コストなどの取引費用が低下する。また、信頼が協調的な行動を促し、生産性が向上するのだ。

世界銀行を中心に活動していたステファン・ナックとフィリップ・キーファーは、この点をもう少し詳しく考察している。彼らは「たいていの人は信頼できると思いますか、それとも、用心するに越したことはないと思いますか？」という質問への答えについて、累計二九ヵ国のデータを用いた信頼度インデックスを作成し、経済パフォーマンスとの関連を調べた。それによれば、商取引など他人の将来の行動に依存する経済活動は、信頼の度合いが強い環境のほうがより低いコストで達成できるとしている。信頼度の高い社会は、経済取引において、搾取されることを警戒せず、身を守ることに資源を費やす必要が少ない。逆に、信頼度が低い社会は、従業員やサプライヤーの不正行為監視のために、起業家が時間と資源を費やしてしまい、新製品・プロセス開発などのイノベーションも滞ってしまうため、高コストとなるからだ。まとめると、信頼の高い社会のほうが、生産性が高く、成長率も高いという主張である。

ナックとキーファーは社会的規範の影響についても検討している。①受給資格のない政府の援助を求める、②公共交通機関の料金を払わない、③機会があれば税金をごまかす、④拾ったお金を自分のものにしてしまう、⑤駐車していた車を誤って傷つけても名乗り出ない、の五つの行動についてそれぞれ、常に正当化できる、決して正当化できない、その中間である、の三つの選択肢の中から回答を求め、そのスコアに応じて、市民協力の規範インデックスを作成した。彼らは、この規範インデックスが前述の信頼度インデックスと同様に、経済成長率に大きな関係があるとしている。

ラ・ポルタらは、司法システムの効率性、腐敗の程度、官僚の質、納税遵守度といった政府の効率に信頼度が大きく関わっているとしている。信頼の有無は、特に大きな組織の効率性に影響を与える。大企業や官庁といった大組織では、見ず知らずの者同士がやり取りすることが多いため、構成員間の信頼の有無が仕事の効率を大きく左右する。また彼らは、信頼度が高い国ほど売り上げ上位二〇社のGDP（国内総生産）比率が高いという結果も得ており、信頼が高いほど、大企業の効率が高いとしている。

日本では、社会関係資本は経済活動に対してどのような影響を与えているだろうか。筆者は、社会関係資本は全要素生産性（生産性を向上させたすべての要因から、資本と労働の貢献分をひいた残り）に影響を与えるという仮説を検討している。社会関係資本が全要素生産性に影響を与えるという仮説に矛盾しない結果は得ているが、期間の取り方によって結果が変化し、まだ叩《たた》き台の域を出ていない。

このほか、小林庸平《こばやしようへい》が、グレーサーらの最適投資モデルを拡張して実証分析を行い、地域における世帯構成や犯罪、小売店の数などが、社会関係資本と関連していること、高齢化すると社会関係資本への投資と他人への信頼感が減る、などの興味深い結果を得ている。

社会の構成員間の信頼は、金融システムが機能するためにも欠かせない。ガイソらはイタリアについて実証研究を行い、信頼度の高い地域ほど、株式時価総額の対ＧＤＰ比や、人口比上場企業数、企業あたりの株主数などで測った金融システムの発展度が高いという結果を得ている。また、信頼度の高い地域ほど、金融資産の中で現金比率が少なく、逆に株式の比率が高いという。

もちろん、現実は大変複雑で実証には問題があるが、社会関係資本が経済的影響を持つ点については、多くの識者の認めるところでもある。

### 地域社会の安定

社会関係資本は、地域社会の安定にも大きな影響力を持つ。

今世紀に入って、ヨーロッパ諸国では移民や貧困層が孤立し、地域社会が不安定化するにつれて、社会関係資本が重要視されるようになった。これは、社会関係資本が豊かな社会は孤立した人をつくらない包容力のある社会になる、という期待からであった。事実、社会関係資本の効果としてしばしば挙げられるのは、地域コミュニティの一体感の醸成と犯罪の抑止である。

パットナムは『孤独なボウリング』の中で、犯罪学者のロバート・サンプソンの実証研究の結果を紹介している。

(a)匿名性が高く、住民同士での顔見知りのネットワークが希薄で、(b)ティーンエイジャーの仲間グループに目が行き届かず、公共空間のコントロールが弱体化しており、(c)組織的基盤が弱く、地域活動への社会参加が低い、といった特徴のあるコミュニティは、犯罪と暴力のリスク増加に直面する。例えば、社会的、経済的要因について対応をとった地域を比較すると、移動性の高い地域に住むことは、近隣がより安定的な地域と比べて犯罪被害にあう確率を倍にすることが全国調査によって示されている。(3)

これはまさに、社会関係資本が豊かな地域コミュニティほど犯罪と暴力にさらされるリスクが小さく、安定しているという指摘である。パットナム自身も、彼が作成した社会関係資本指数が高い州ほど殺人率が低いことを指摘して、「この逆転関係は驚くほど強いもので、二つの社会現象の間に見いだしうるものとしてはほとんど完璧《かんぺき》に近い(4)」と述べている。

日本でも、複数の研究が社会関係資本と犯罪率との関係を指摘している。内閣府が二〇〇三年に実施した調査では、社会参加とつきあい・交流の指標が高ければ高いほど、刑法犯の犯罪発生件数が低くなることを確認しているし、筆者も社会関係資本が高い都道府県ほど、刑法犯検挙率が高いことを指摘している。しかし海外の研究では、犯罪と社会関係資本との関係について、犯罪があるから地域住民の結束が高まるという議論と、犯罪のせいで地域住民は人を信用しなくなるという、相反する議論がある。

犯罪と社会関係資本についてもう少し詳しく見たものでは、高木大資《たかぎだいすけ》らの研究がある。高木らは、東京都武蔵野《むさしの》市、清瀬《きよせ》市、千葉県旭《あさひ》市、神奈川県小田原《おだわら》市で四〇〇〇人を対象に郵送調査を実施した。これによれば、「地域の侵入盗が多いほど、個人が持つ地域内の友人の数が多くなる一方で、それ以外の単なる知人の数は少なくなるということが示された。つまり、犯罪が多いほど密な人間関係が増加する一方で、開放的な人づきあいは減少するということが示されている」。

つまり、泥棒が多いと友人が増えるが、知人は減る。ただ、泥棒の多い地域内に限ってみると一般的信頼の高い人ほど知人数が多い。一方、泥棒の少ない地域では、一般的信頼の水準に関係なく知人数は一定であるから、犯罪の多い地域ほど、一般的信頼の役割が犯罪抑止に重要であるという。これは「犯罪が多い地域では、人はよく知らない他者とのつながりを放棄し、仲間内だけのつきあいに限定するようになることが予測される」ためである。

それでは、社会関係資本と地域コミュニティの安定とは、具体的にはどのように結びついているのだろうか。東京都杉並《すぎなみ》区の和泉《いずみ》地区では、小学生の通学時に不審者が現れて、子どもたちを脅かす事件が相次いでいた。当初は、小学校のPTAが見回りを行っていたが、それに町会も加わって、通学路の家庭に、通学時間帯に植木の水やりや犬の散歩をしてもらうように協力を呼びかけた。通学時にできるだけ子どもたちを見守る眼を増やそうということで、この結果、不審者はほとんど現れなくなった。しかもその後、地域住民の交流も進んだ。町会が試験的に近所の八〇世帯に病気の有無や暮らしの状況を聞く調査を行ったところ、全戸から回答があったという。町会の防犯部長は「見守りなどで地域の連帯感が強まったからこそ、個人情報を提供してくれたと思う」(5)と話している。防犯を契機に、地域に交流の好循環が生まれたことになる。

この杉並区和泉地区の例では、地域の社会関係資本を地縁的な組織である公立学校のPTAや町会が担っていたが、地域の安定を担う社会関係資本にはどのような組織がふさわしいのだろう。二〇〇五年の内閣府調査によれば、ボランティア活動に参加する人は地域の現状に対して批判的、地縁的活動に参加する人は好意的な評価をする傾向があるという。地域の現状に対して批判的ということは地域の悪い点を変えたいという思いがあるということで、地域の課題への対応は、ボンディング(結束型)な社会関係資本よりもブリッジング(橋渡し型）な社会関係資本と関連しているという指摘である。だが、もともとボランティア活動というのは街並み保存や災害時の救援、地域の医療の再生など、活動目的が明確に定まっており、それに参加する人はそれなりの問題意識を持った人々であるので、この調査結果は当然ともいえる。地域における新たな課題への対応は、地域の現状について辛口の意見を持っているだけに目的意識がはっきりしており、さまざまなバックグラウンドを持つNPOなどの集まりのほうが有効なのかもしれない。

しかし、従来型の地縁的組織も地域の信頼の形成という意味では捨てがたいものがある。ペッカネンは『日本における市民社会の二重構造』の中で、自治会の実態調査を行い、日本の地縁団体は、住民相互の信頼を築く基盤であると指摘した。さらにこの研究を踏まえて筑波大学の辻中豊《つじなかゆたか》らは、日本全国に三〇万近く存在する自治会・町内会を対象にアンケート調査を実施し、自治会が社会関係資本の醸成に効果があると結論づけている。[6] 同様に、広島市立大学の金谷信子《かなやのぶこ》は、NPO法人と地縁団体（自治会・町内会、老人会、自主防災組織、消防団員、民生委員、社会福祉協議会ボランティア）の密度が、治安、生活習慣病による死亡者数、通院者数、健康、教育、少子化、完全失業率と障害者雇用率とどのような関係にあるのかを分析し、地縁的な団体（特に老人会、消防団、民生委員）のほうがNPOよりも治安、健康、教育の面でプラスの効果を持つことを見出している。

## 健康への影響

社会関係資本が影響を与える最重要分野のひとつが健康である。この分野での嚆矢として、ハーヴァード大学公衆衛生大学院のイチロー・カワチらの研究がある。彼らは一九九七年に、所得格差が社会関係資本を毀損し、その結果、健康状態に影響を与えるという実証研究を発表した。所得の平等を実現するために必要な、平均所得以上の世帯から平均以下の所得の世帯への所得移転額の比率（ロビンフッド指数）を作成し、これが貧困率だけでなく、所得階層ごとの社会全般への不信感の割合や死亡率と同じ動きを示す傾向があることを見出している。彼らによれば、不平等が高まると、社会不信が起こり、死亡率が上昇するという関係が読み取れるとしている。

その後、カワチは二〇〇〇年に、リサ・バークマンとともに、『社会疫学』を刊行し、社会的要因の健康への影響の分析を新たな学問分野として確立させた。これは、病気予防のため、喫煙、肥満などのリスクを持っている人々を対象に対策を講じようとする従来のハイリスク・アプローチではなく、病気を起こさせる社会的要因にも配慮し、病気になる確率そのものを減らそうとするポピュレーション・アプローチを提唱するもので、その社会的要因の中に社会関係資本を含めている。

カワチやハーヴァード大学のスブラマニアンらは二〇〇〇年以降も精力的に論文を発表し、それに触発されて欧米での実証研究が次々と発表されている。実際、インターネットで検索すると、あまりに多くの論文がヒットするので困惑してしまうほど発表されている。[7] 社会疫学は社会関係資本が最も頻繁に議論され、最も研究が進んでいる分野なのだ。

今までのところ、社会関係資本の健康への影響を肯定的にとらえる、つまり社会関係資本が良好なら健康状態も良好であるとする論文が過半を占めているが、影響はないとするもの、逆にネガティブな影響があるとする論文も多数あり、活発かつ興味深い議論が展開されている。

日本でも二〇〇四年から日本福祉大学の近藤克則《こんどうかつのり》のグループが、愛知県知多《ちた》半島を中心に高齢者に関する大規模なデータベースを構築して、特定の地域でデイサービスを提供したグループとサービスを受けていないグループを比較できる状況を創って分析する介入研究も含め、実証研究の成果を精力的に発表している。彼らによれば、社会関係資本は主観的健康と一般的信頼や地域の格差の指標であるジニ係数とも関連していることが明らかになっている。また、静岡県立大学の藤澤由和《ふじさわよしかず》と島根大学の濱野強《はまのつよし》は、地域や年齢を限定せず、全国の成人を対象として、社会関係資本（主に凝集性）が主観的健康と相関していることを実証している。このほか、岡山大学の高尾《たかお》総司《そうし》のグループが、職場における社会関係資本と主観的健康などとが関連しているという実証結果を発表しており、日本においても、社会関係資本が健康と関連している点については、ほぼコンセンサスが形成されつつある。

この分野は筆者も注目しており、具体的なコミュニティレベルで社会関係資本が健康にどのような経路で影響を及ぼすかについては第5章で、長野県須坂《すざか》市を例にして考えてみたい。

### 教育水準への影響

教育と社会関係資本は互いに影響し合う。教育が社会関係資本を育むこともあるし、社会関係資本が教育に影響を与えることもある。アメリカの研究では、教育程度が高い人ほど、社会全般への信頼、いわゆる一般的信頼が高く、ネットワークも大きい。したがって、教育が社会関係資本を育むという推論が成り立つ。また、孟子の母が子どもの教育のために引っ越しをした例や「朱に交われば赤くなる」という言葉は、逆に社会関係資本が教育に影響を与えるという意味だろう。

愛媛大学の露口健司《つゆぐちけんじ》の論文サーベイによれば、家庭内の社会関係資本(という表現は少し変だが、家族間ネットワークと信頼のこと)は学業成績、退学抑制、大学進学率などに影響を与える。また、学級内の社会関係資本には学業成績と退学抑制の効果がある。学校内の社会関係資本は、教師間での信頼構築が専門家コミュニティの形成などを通じて間接的に学業成績に影響する。また、保護者と教師間の社会関係資本、なかでも親の学校参加は退学抑制や大学進学率と関連している。

このほか地域の社会関係資本では、親の地域コミュニティへの加入や地域コミュニティでの活動などが、子どもの学業成績へのプラス効果を持ち、子どもの地域参加も活発になる傾向が見られる。また、子どもの主体性や社会性を高める効果も報告されているという。

それでは、具体的に社会関係資本をどのようにとらえて研究や実証を行っているのだろうか。教育分野の古典といわれる研究に、シカゴ大学のジェームス・コールマンが一九八八年に発表した「人的資本の創造におけるソーシャル・キャピタル」がある。彼は、ネットワークが閉じているとメンバー間の制裁がしやすく、規範が確立しやすいとした。この閉じたネットワークの実効性の例のひとつとして挙げられたのが、カトリック系の高校とそうでない高校との比較であった。コールマンは、全米の公立八九三校、カトリック系私立八九校のデータを分析し、高校一年から三年までの間の中途退学率について、公立校では一四・四％であるのに対し、カトリック系の私立校では三・四％ときわめて低いことを指摘し、この差は、保護者間・親子間の閉じたネットワークの有無によるものであると論じた。閉じたネットワーク、つまり保護者間と親子間の二つのレベルで親密なネットワークを持ち、キリスト教という規律のもとで、保護者同士も知り合いであるカトリックの学校のほうが、そうした規律がなく、保護者同士や子どもたち同士が必ずしも知り合いではない、いわゆる開いたネットワークである公立学校よりも圧倒的に中途退学の比率が低かったという。

社会関係資本が教育に影響を与えるというコールマンの主張は、その後多くの実証研究によって追認されている。イギリスでも地域別社会関係資本インデックスは、十六歳での教育成果と密接に結びついている。さらに範囲を広げて、イギリス政府の内閣府にいたデヴィッド・ハルパーンは国別の教育成果も社会関係資本と相関があるという。社会全般に対する信頼度が高い国ほど、識字率が高い。もっとも、識字率が高いからよりスムーズな意思疎通やネットワークの形成が容易になり、社会関係資本が高いとも考えられるので、両者の因果関係は定かではないが、両者に何らかの関係があることは間違いないだろう。

教育と社会関係資本との関係について、海外には多くの実証研究があるが、日本ではまだようやくその緒についたばかりだ。社会関係資本と学業との関連が最も注目される点だが、日本では地域別・学校別の学力調査の結果が公表されていないため、社会関係資本と教育成果についての関係を部外者が検証するのは困難である。しかし、不登校、いじめ、校内暴力、中途退学率などのいわば教育の影の側面については都道府県別のデータが公表されているので、これらのデータと内閣府が二〇〇三年に実施したアンケート調査に基づく社会関係資本指数を用いて若干の検証を試みることができる。

田淼《でんびょう》によれば、学校内暴力件数が多ければ多いほど不登校率は高い。また、内閣府の社会関係資本指数との相関関係も、信頼指数を除き、ある程度見られる。もちろん、この場合は指数が高ければ高いほど不登校率は低い。したがって、社会関係資本が豊かな地域での不登校率は低い、という仮説はある程度実証されている。筆者も、内閣府の社会関係資本指数が、不登校率だけではなく、高校の中途退学率や校内暴力発生率とも、より強い相関が見られることを指摘している。教育専門家の研究として、露口健司が、公立小学校における教師と生徒の保護者との関係について、「教師が有能さを示す」、「親が必要とする情報を提供する」、「誠実かつ丁寧に親に接する」、「親が学校に参加した場合に充実感が持てるように工夫する」、などを実践することで、親の学校参加が促進され、学校における社会関係資本が形成されるという研究を発表している。

なお、社会関係資本が教育に与える影響ではなく、逆に教育が社会関係資本に与える影響については、文部科学省が二〇一〇年度に調査を実施しており、いくつかの項目について教育の社会関係資本への影響を見出している。

### 政府の効率

社会関係資本は政府の効率とも関係があるとされる。では実際にはどのように関係しているのだろうか。ラ・ポルタらは、一九九七年に発表した論文で「一般的にいって人は信用できますか。それとも、用心するに越したことはないと思いますか？」という問いから見た、一般的信頼と政府の効率性指標などとの相関関係を検証している。彼らの研究によれば、一般的信頼の高い国は、官僚の賄賂《わいろ》要求頻度で見た政府の腐敗度が低く、官僚機構の質（政策運営の安定性と政治的圧力からの独立性）と納税遵守度が高く、インフラの整備も行き届き、法制度の効率性との整合性も高いとしている。

また、パットナムは『哲学する民主主義』の中で、イタリアの州政府間の効率の違いは社会関係資本の違いに起因するとした。イタリアでは、市民共同体としての成熟度が高いほど州政府のパフォーマンスは良好で、逆に、市民共同体としての成熟度が低いほど、州政府のパフォーマンスは劣る。パットナムらによる州政府パフォーマンス指標[8]は、市民満足度や地域におけるリーダー層の州政府への評価とも正の相関があり、パフォーマンスの指標として市民やリーダー層の評価とも一致していた。何より興味深いのは、イタリア二〇州の中で、北部は総じて高いパフォーマンスであるのに対し、南部のパフォーマンスはきわめて低いという地域間格差が際立っていることである。

当然、この違いをもたらした要因が検討されることになる。パットナムはここで、市民共同体のあり方に着目する。イタリア二〇州を、①新聞購読率、②市民活動団体（スポーツクラブ、文化・余暇団体、社会活動団体、教育・青年組織）への参加率、③国民投票への参加率、④国政選挙における優先投票比率（イタリアでは政党へ投票するが、特定の候補者への優先投票も可能――特定のコネに頼る傾向が高い地域では優先投票の比率が高く出る）の四つを合成して州別市民共同体指数を作成した。新聞購読比率が高い地域ほど市民意識が高い。国民投票への参加率も同様である。また、市民の自発的な組織が発達していることは市民共同体意識の高まりを示している。反対に、特定の候補者への優先投票が高い地域は、市民共同体とは相反する私益主義、派閥主義、ボス支配的な要素が強いとした。

さて、この市民共同体指数と州政府のパフォーマンス指数との相関はどうだろうか。彼らの推計によれば、両者は非常に強い相関を示している。市民共同体指数が高い州ほど、州政府のパフォーマンス指数が高い。逆に、市民共同体としての成熟度が低いほど、州政府のパフォーマンスは劣る。さらに市民共同体の基礎として、互酬性の規範、信頼、市民参加のネットワークの重要性を指摘した。彼らの研究は、研究者と政策担当者に強い影響を与え、その後の社会関係資本をめぐる論争の嚆矢となり、『哲学する民主主義』は、社会関係資本論における古典と呼ばれるようになった。

しかし、このパットナムの議論にも、批判は多く寄せられた。ハルパーンは、パットナムの論考に対する批判を次の三つにまとめている。第一に、政府のパフォーマンスと社会関係資本との間の因果関係が不明なこと、第二に、たとえ社会関係資本が政府のパフォーマンスを規定するという因果関係を認めるにしても、両者がどのような経路で関係し合っているのかの説明がないこと、第三に、歴史的な経緯が重要ならば、この結果を他地域にも普遍的にあてはめることはできないのではないか、という批判である。

因果関係の特定は難しいが、社会関係資本と政府の効率は互いに影響し合っているとしているものが多い。筆者は因果関係の経路について、次のように考えている。市民活動が活発で共同体意識が旺盛《おうせい》な地域では、行政側は市民の協力を得やすく、政府も情報公開を含め行政の透明性を高めて、市民参加をさらに得やすくしようと努力する。つまり、市民からの行政側へのモニタリングも効き、地方政府の首長が独善で行政を行うことはできない。行政を担当する側もおのずと効率性を意識せざるを得ない。また、財政難への対応もあり、現実には行政サービスの多くが民間の企業やNPOなどの中間組織や個人のボランティアによって提供されるようになりつつある。行政は、役所がサービスを提供する時代から民間との「ネットワークによる統治」の時代に入っているが、こうした民間の個人・組織とのネットワークが整っていれば社会・経済環境への変化にも柔軟に対応できる。また、企業における取引費用の議論と同様に、信頼と互酬性の規範のある地域は、官民の協調が行われやすく、行政コストの低減につながる。

イタリアでの議論を他の地域にも適用できるかとの疑問については、その後、パットナムがアメリカにもあてはめて論じたことから一層問題になった。しかしこの点についても、社会関係資本はほとんどどの地域においても、政府の効率を考えるうえで重要であるという点ではほぼ意見の一致を見ている。

日本では「新しい公共」という言葉を頻繁に耳にするようになった。一九九七年の行政改革会議の報告の中で、「今日、公共性の空間は、もはや中央の官の独占物ではなく、地域社会や市場も含め広く市場全体がその機能を分担していくとの価値観への転換が求められている」としたのがこの概念のはしりであるようだが、そもそも「公共性の空間」とはずいぶんわかりにくい造語だ。しかし、もっと平たくいえば二〇〇四年の『国民生活白書』のような表現になるのだろう。この白書は「人のつながりが変える暮らしと地域――新しい「公共」への道」という副題を持ち、「はじめに」で次のように述べている。

住民による自発的な活動が、ほかでは対応が難しい暮らしのニーズを満たすことができるのではないかということである。介護や子育てなどに関し家族内で解決できない問題は、社会が対応すべき「公共」の問題として、古くは地域集落の相互扶助の中で、また都市化が進むにつれて地方公共団体などの「官」が住民サービスとして多くを提供してきた。「官」の提供する住民サービスには公平性と平等性が求められることもあり、個人の多様なニーズや質の追求にきめ細かく対応することにはおのずと限界もある。（中略）住民が自分の関心のある分野で経験や能力をいかし、様々な関係者と協力しながら、個人では解決できない地域の様々な課題に自発的に取り組む活動は、新しい形の「公共」を創り出すことにつながるのではないだろうか。(9)

つまり、住民が自発的に、従来役所が提供しているサービスの一部を担うということが「新しい公共」ということになるのだろうか。しかし、「様々な関係者と協力しながら」ということであるから、そこにはさまざまな関係者とのネットワーク、つまり社会関係資本がなければ「新しい公共」は機能しない。

地方自治体ではこの「新しい公共」に対応してさまざまな動きが見られる。たとえば三重県では「文化力」を生かした自立・持続可能な地域づくり「美《うま》し国おこし・三重」として、自発的な地域づくりグループへの支援、自立性・持続性を高める仕組みづくり、新たなイベントスタイルによる地域力の結集と成果の情報発信を二〇〇九年から二〇一四年までの六年間にわたって展開する計画が続行中である。座談会の開催→住民グループがパワーアップできる環境の整備→他のグループや国内外のグループとの連携→活動プロセスと成果をイベントとして発信、という四段階の手順で、三重県によれば二〇〇九年から二〇一〇年七月までに県内各地で座談会を八〇〇回近く開催し、一八〇のパートナーグループが立ち上がっているという。その中のひとつ、亀山《かめやま》市の住民交流カフェプロジェクトは、障害者と健常者の交流・対話の場を設けることを目的に、料理教室や勉強会、意見交換会を開催している。このほか、桑名《くわな》市の千羽鶴《せんばづる》を広める会、四日市《よっかいち》市の地産地消・商店街活性化・福祉のまちづくり連携プロジェクト、津《つ》市の手作り甲冑《かっちゅう》プロジェクト、伊勢《いせ》市ほか一八市町の医食同源・三重の生物資源利活用プロジェクトなど、筆者から見るとまさに社会関係資本のネットワークづくりが中核にあるプロジェクトが並んでいる。

短命に終わった鳩山由紀夫《はとやまゆきお》政権もこうした考えには理解があり、首相が主宰した「新しい公共」円卓会議が八回も開催され、二〇一〇年六月には「新しい公共」宣言まで出されている。この「宣言」では、「新しい公共によって「支え合いと活気のある」社会が出現すれば、ソーシャル・キャピタルの高い、つまり相互信頼が高く社会コストが低い、住民の幸せ度が高いコミュニティが形成されるであろう」としている。そのために、「①国民が寄附をしやすくするための税制などの制度改革、②国や自治体による、従来型の補助金ではない新しい発想による事業活動支援スキームの導入、③ソーシャル・キャピタルを育成するための効果的な財政支援や「投資」などの具体的方策をとることが考えられる」と述べている。

「新しい公共」とは、「民」、特に地域住民が従来の「官」の補完をする、ないしは肩代わりするというイメージだが、現代の政府は「民」にそれ以上の依存をしている。政府の形態が大きく変わりつつあり、今やゴミ処理にしても、行政サービスの窓口業務にしても、実際の施策の実施主体は官僚ではなく、NPOや民間企業に替わりつつある。

ハーヴァード大学教授でインディアナポリス市長の経験もあるステファン・ゴールドスミスと彼の同僚であるウィリアム・エガースはこうした政府の変化を『ネットワークによる統治　公共セクターの新たな姿』と題する著書の中で書いている。サンフランシスコの金門橋《きんもんきょう》国立レクリエーションエリアは、連邦政府の内務省管轄下にある国立公園だが、その運営には数百に上るNPOと民間企業が関わっている。公園の運営に従事している人々の中で役人である公園管理事務所の職員の割合は一八%にすぎない。つまり、八割以上は民間人に頼って運営されている。また、一九九三年、旧軍事施設跡地であるクリシー・フィールドが公園に寄付されたときは、地元のNPOが中心となって土壌汚染除去のための費用三四〇〇万ドルを寄付で集め、またNPOによる環境教育の実習場とすることによって、公的な資金に頼ることなく、汚染された軍事施設跡地を海岸沿いの美しい公園地区に変身させることに成功した。

つまり、現在では政府の役人は事業を自分で行うのではなく、NPOや民間企業とのネットワークを形成することによって政策目標を遂行すること、すなわち「ネットワークによる統治」を求められている。従来型の、垂直なヒエラルキーによって何でも自前で公共サービスを提供する政府から、民間の力をネットワークによって発揮させる調整者としての政府に変化している。

こうした文脈から見れば、信頼・規範・ネットワークを意味する社会関係資本は「新しい公共」をさらに超えて、政府の運営に一層重みを増している。実際、「新しい公共」の概念もそうした方向へ修正されている。総務省が二〇〇五年に発表した「地方公共団体における行政改革推進のための新たな指針――新地方行革指針」では、「これまで行政が主として提供してきた公共サービスについても、今後は、地域において住民団体をはじめNPOや企業等の多様な主体が提供する多元的な仕組みを整えていく必要がある。これからの地方公共団体は、地域のさまざまな力を結集し、『新しい公共空間』を形成するための戦略本部となり、行政自らが担う役割を重点化していくことが求められている」としている。「新しい公共」は、住民の自発性がもともとは基本であったので、「官」が「戦略本部」であるという表現には違和感があるが、言わんとするところはゴールドスミスがいう「ネットワークによる統治」であろう。だとすれば今後の政府は、ネットワークの要《かなめ》として社会関係資本を備えていなければ機能できないということになる。

# 第4章　何がかたちづくるのか、どう測るのか

第2章で、社会関係資本とは「心の外部性を伴った信頼・規範・ネットワーク」であるという筆者の定義を紹介したが、問題は信頼・規範・ネットワークをどのように計測するかである。そんなものは測れるはずがないという批判が根強くあり、研究者は四苦八苦してきた。また、計測法はどれも一長一短であることも事実である。しかし、過去二〇年間で計測方法は深化と進化を遂げてきた。どのように測るのかという疑問について、研究者レベルではほとんど解決されている。つまり、今日では社会関係資本のどの部分を測るかということが明確ならば、それなりに計測方法は確立しているのだ。

## 社会関係資本に影響を与える要因

本章では社会関係資本をどう測るかを見ていこう。社会関係資本が何の役に立つのか、つ

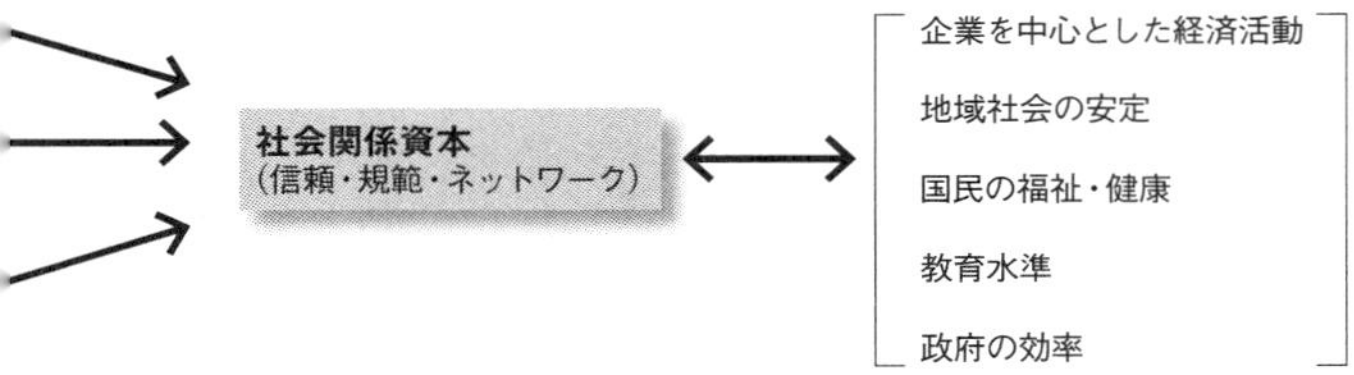


まりどのような分野に影響を与えるのかは第3章で見たが、本章ではまず、社会関係資本がどのような要因から影響を受けるかについて考えることから始めたい。

因果関係も含めて社会関係資本の対象分野の大まかな関連をまとめると、図5のようになる。

第一に、基本的に社会関係資本は、歴史的・文化的背景とそれから派生した社会構造に影響される。たとえばパットナムの『哲学する民主主義』は、イタリアにおいて、腐敗して非効率な南部の州政府と、企業並みに効率的な中部・北部の州政府の違いを、州制度が導入されて以降の二〇年間にわたり調査したものである。結論は南部のカトリックに代表されるヒエラルキー構造を持つ垂直型のネ

**図5◉社会関係資本の対象分野**

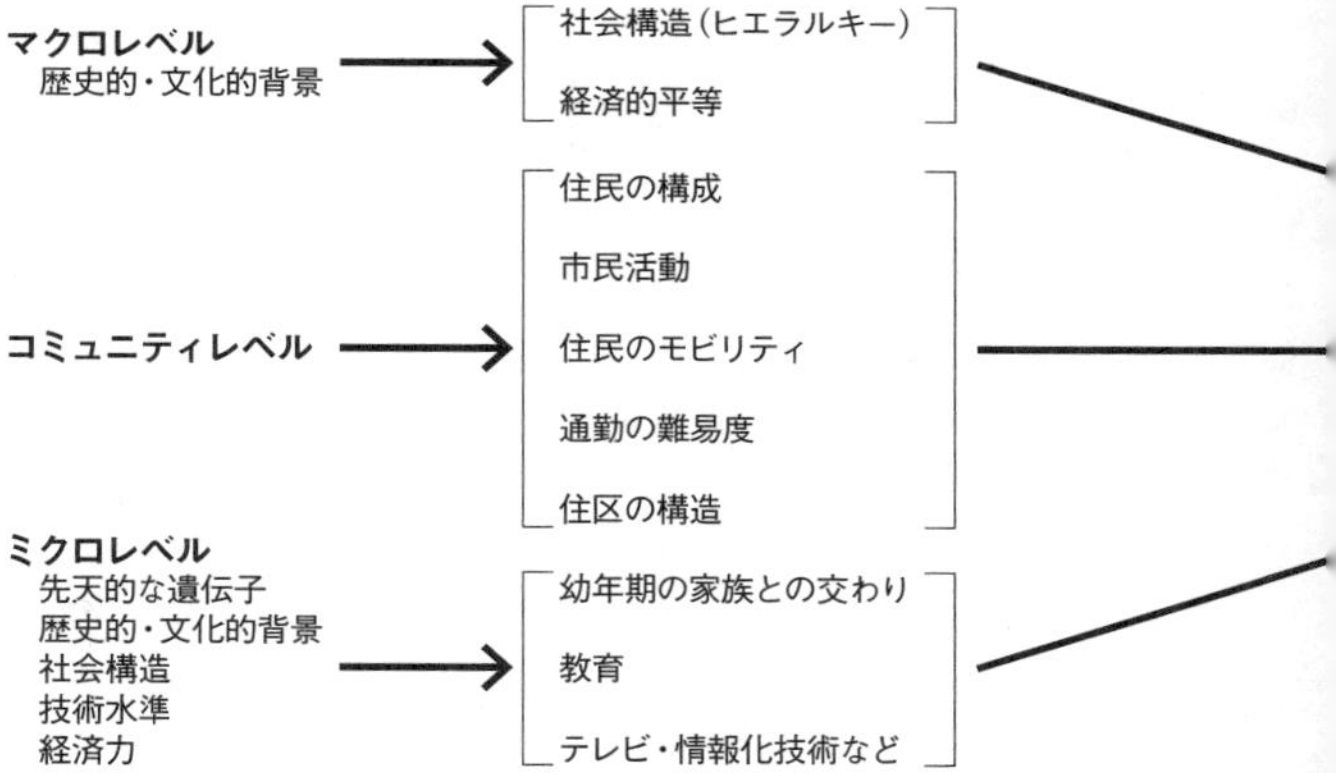


(出所)Halpern, *Social Capital*などに基づき筆者作成

ットワークと、中部・北部の水平型のネットワークとの違いを社会関係資本の違いとしており、パットナムはこのネットワーク構造の違いを歴史的な背景によるとして、イタリアの歴史を千年も遡り、「社会的文脈と歴史は制度の有効性を深い所で条件づける」と述べている。パットナムの議論を前後の脈絡を含めて解釈すれば、歴史を含めた社会的文脈が社会関係資本をかたちづくり、制度の有効性を左右する。つまり、社会関係資本はそれぞれのコミュニティの社会的文脈の中で、営々と積み上げられてきたものということになる。

　こうした議論に立てば、社会的文脈を形成するコミュニティとは何か、具体的にどのようなコミュニティなら社会関係資本が醸成されるのか、という問題意識が当然生まれてくる。

このイタリアに関する考察では、社会関係資本は短期的には変えられないという立場だが、その後、パットナムが一九九五年に発表したアメリカに関する論文と二〇〇〇年に発表した著書――いずれも題名は *Bowling Alone*（後者は柴内康文訳『孤独なボウリング』）――ではニュアンスが異なってくる。パットナムは、二〇〇〇年の著書では、一九六〇年代以降の三〇年間にアメリカにおける市民活動による社会関係資本が大幅に壊れたと主張した。もう少し厳密にいえば、第二次世界大戦前の世代と戦後世代とでは「それはまるで、戦後世代は反市民的なX線のようなものにでも曝《さら》されてしまって、コミュニティとのつながりが少なくなるように永続的に変えられ、またその傾向が増しているかのようである」[1]と述べている。

パットナムは一九六〇年代から九〇年代にかけての三〇年間の市民活動の停滞と信頼の低下のほぼ半分が、世代間の違いに起因するとした。そして、この世代間の違いは、戦争体験の有無によるものとした。

このほか、社会関係資本を毀損した要因として、テレビの影響、都市の郊外化・通勤とスプロール現象、時間と金銭面でのプレッシャーを挙げている。このうちコミュニティの観点から見ると、都市周辺部の無秩序な拡大、いわゆるスプロール化が重要である。パットナムによれば、スプロール化はコミュニティの住民の等質化を招き、階級と人種の境界を乗り越える社会的ネットワークの形成機会を減少させ、背景の異なる人々の間を取り持つブリッジング（橋渡し型）な社会関係資本を阻害する。また、コミュニティの「境界性」を破壊し、コミュニティそのものを曖昧《あいまい》にしてしまうという。

いずれにせよ、この議論によれば、アメリカの社会関係資本は戦争というコミュニティを超えた激変により強化され、テレビの普及や都市のスプロール化、時間・金銭面のプレッシャーの高まりなど、家庭や地域社会といったコミュニティにおける人間関係の変質をもたらす要因によって崩されてきたことになる。

しかし別の論者によれば、「一般的にいって人は信頼できると思いますか、それとも用心するに越したことはないと思いますか？」という問いで測られる社会全般に対する一般的信頼は、国民性にも影響を受けるかもしれないという。事実、一般的信頼について、ラテン系は比較的否定的な回答をする傾向、つまり社会全般に対する一般的な信頼が低いことが知られており、国民性の影響がうかがわれる。実際、国民性は人種や文化などが影響するので、もし人種によって違うとなれば先天的な遺伝子も社会関係資本に影響を及ぼしていることになる。

社会関係資本の決定要因には、政府の施策によって対応可能な要因もある。教育は一般的には信頼を醸成するし、人々のネットワークを広げる。一方、経済格差の拡大は社会関係資本を壊す。加えてテレビ、インターネット、パソコンなどの情報化技術の進展も何らかの影響を及ぼすだろう。後で詳しく議論するが、筆者は特に経済格差の拡大が社会関係資本を壊すのではないかと考えている。

## 社会関係資本が影響を与える分野

ここまでは、社会関係資本に影響を与える要因を見てきたが、社会関係資本が影響を及ぼす分野としては、①企業を中心とした経済活動、②地域社会の安定、③国民の福祉・健康、④教育水準、⑤政府の効率、などがある。これらの五つの分野における社会関係資本の働きは第3章で見たが、難しいのは、これらの分野が社会関係資本の影響を一方的に受けるのではなく、同時に社会関係資本に影響を与えることが予想されることだ。特に、政府の効率と教育水準はともに、社会関係資本に影響を与えるが、同時に社会関係資本の影響も受ける。そもそもこうした関係が予想される場合は、実証研究が大変困難になる。関係が誇張されて計測されることもある。

また、こうした関係がなくとも、我々が知らない第三の要素が、社会関係資本とそれが影響していると考えられている要因、たとえば教育成果の双方に影響を与えて、あたかも両者が相関しているように見えることもある。肺がんの増加とライターの普及との相関が見られたからといって、ライターが肺がんの原因だということにはならないだろうが、社会関係資本の計測にはもしかするとそうした誤りを犯しかねない側面もある。

## 公共財としての信頼等の計測

社会全般に対する信頼は計測できないという議論があるが、社会関係資本の研究では一般的に、「たいていの人は信頼できると思いますか、それとも、用心するに越したことはないと思いますか？」という問いを用いて社会全般への信頼（一般的信頼）を計測している。これは、日本では統計数理研究所が五年ごとに実施している「国民性の研究」調査の中に含まれているし、国際的には「世界価値観調査（World Value Survey）」やアメリカの一般社会調査（General Social Survey：ＧＳＳ）にも設定されている。また、二〇〇〇年以降、大阪商業大学が東京大学の協力を得て実施している日本版総合的社会調査（ＪＧＳＳ）にも「たいていの人は信頼できると思いますか」という前半部分の問いがある。

この「たいていの人は信頼できると思いますか、それとも、用心するに越したことはないと思いますか？」という問いの前半と後半は両立するので、一見おかしな問いのように見える。しかし、国民性調査を実施している統計数理研究所の吉野諒三《よしのりょうぞう》によれば、この問いの後半部分は「たいていの人は信頼できると思いますか」という問いを熟考させるために、あえ

**図6◉各種社会関係資本の測定法の対象範囲**

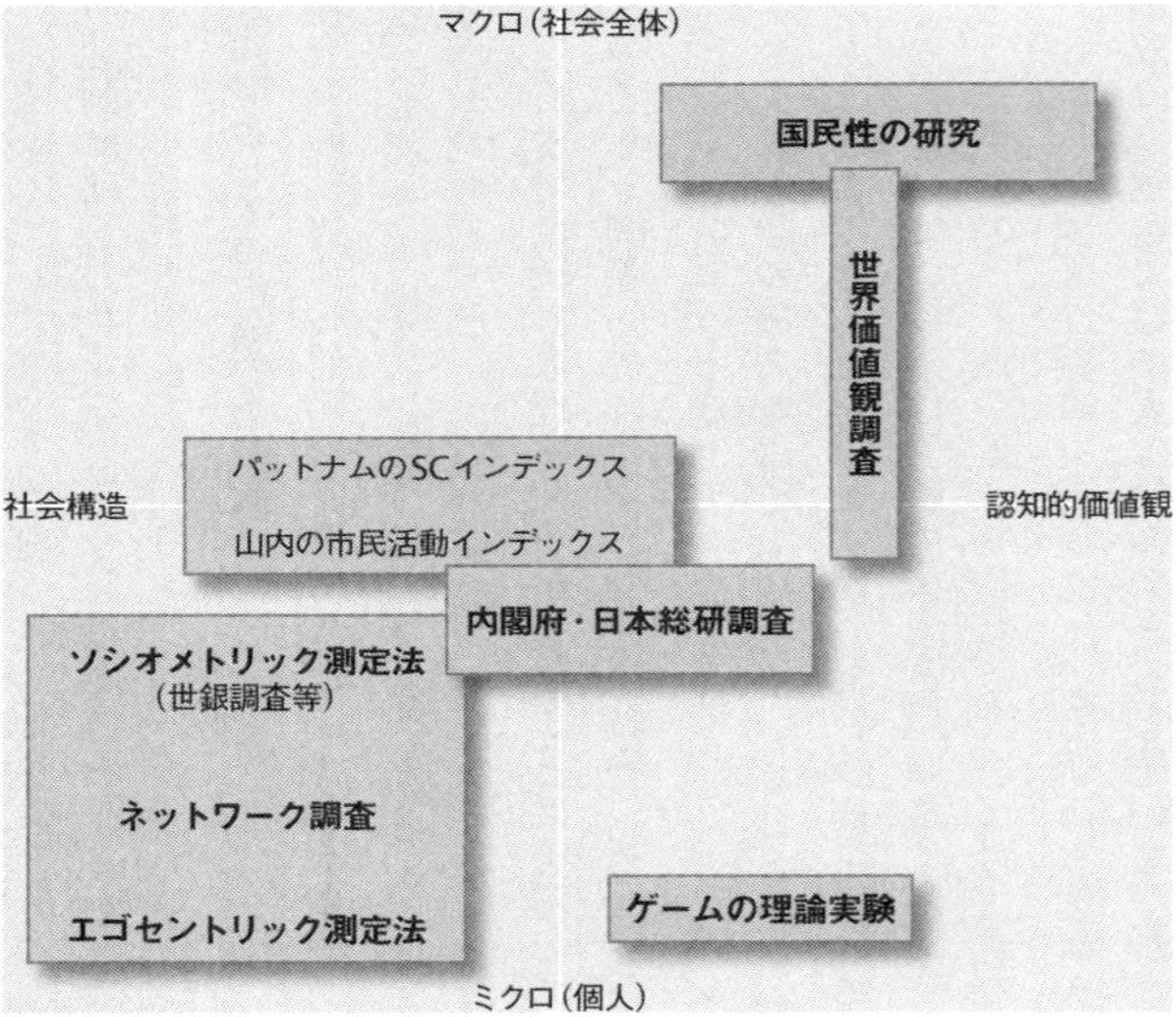


（出所）筆者作成

て一見矛盾するかに見える後半部分を加えているのだという。

また、この問いを補完するものとして、国民性調査、アメリカの一般社会調査、世界価値観調査では「他人は、隙《すき》があれば、あなたを利用しようとしていると思いますか、それとも、そんなことはないと思いますか？」という問いを設けている。さらに前記の二問のほかに、「国民性の研究」調査とアメリカの一般社会調査では利他性を問うものとして、「たいていの人は、他人の役に立とうとしていると思いますか、それとも、自分のことだけに気を配っていると思いますか？」という問いを加えている。この国民性調査は主に信頼や利他性などの認知的な価値観を社会全体（マクロレベル）で見たものであり、図6では第一象限が該当する。

世界価値観調査では組織・制度への信頼も尋ねているので、図6に示されるように、「国民性の研究」調査よりも広い範囲を扱っており、しかも最新の調査は七八の国や地域が参加しており、二〇一〇年から実施中の調査ではさらに八〇以上の国・地域が参加するものとなっている。

国際比較調査には、当然言語の問題がある。この問題を乗り越えるため、基本的な英語の問いを各国語に訳し、それをまた英語に訳すという作業、いわゆるバックトランスレーションをして翻訳のずれがないようにしている。しかしそれでも、国際比較の場合は同じ言葉でも受け取り方が地域によって違うということがあり得る。さらに国民性の違いも入ってくる。吉野によれば、日本人は一般に心を開かない「非自己開示性」が強いという。つまり、日本人は他人に本音を簡単には言わないのだ。さらに遺伝子レベルでの違いを含む国民性の違いと住んでいる環境の影響を明確に区分するため、統計数理研究所では日本人とハワイ日系人、ハワイ日系人とハワイ在住のアメリカ白人、アメリカ本土西海岸の日系人、ブラジルの日系人と比較の輪を広げている。要するに、国民性の解明のために比較の環《わ》が次々とつながっていくような調査を設計して国際比較をしているのだ。

このように、調査設計においていろいろと努力はしているが、認知と行動の違いもある。口では肯定的に答えても、本当にそう行動するかどうかは別問題ということもある。これは社会関係資本の調査に限らず、選挙のさいの支持政党調査など、どのような調査でも必ず生じる。人は必ずしも言った通りには行動しない。この認知と行動の差については実験で確認するという方法があるし、別の問いに対する答えで確認するという手法もある。しかし、実験は限られたサンプルしか得られないので、母集団、たとえば国民全体を代表する結果は決して得られないのではないかという批判がつきまとう。

このような問題はあるにしても、「国民性の研究」では一九七八年から、アメリカの一般社会調査でも一九七二年から「信頼」に関連した三項目の調査データが蓄積されているし、「世界価値観調査」も現在実施中のものを含め過去三〇年（基本的に五年おき）の蓄積があり、第3章で紹介したように、これらのデータを元に興味深い分析が多数なされている。

### コミュニティレベルの社会関係資本の計測

企業を含めたコミュニティレベルの社会関係資本の計測には、客観的な統計を用いて指数を作成するものと、個人に直接質問した結果を集計して指数を作成するものとの二通りがある。

パットナムの『哲学する民主主義』は、原語のタイトルは「民主主義を機能させる」(Making Democracy Work)である。第3章でも触れた通り、この本では、イタリアの州政府の効率の違いを社会関係資本に起因するとし、その代理変数として、客観的な統計データに基づいて州別市民共同体指数を作成している。同様に、アメリカにおける社会関係資本の毀損をテーマとした『孤独なボウリング』でも、一四の指標を合成して州別ソーシャル・キャピタル指数を作成している。(2)

日本では、大阪大学の山内直人《やまうちなおと》が九種の客観的な統計データを合成して、都道府県別市民活動インデックスを作成している。これは、社会関係資本を非営利組織活動、利他的活動(寄付)、ボランティア活動の三つの側面からとらえたもので、①事業所・企業統計のサービス業に分類される企業数とNPO法人数合計におけるNPO法人のシェア、②事業所・企業統計の社会サービス分野(医療、教育、社会保険・社会福祉、学術研究、政治・経済・文化など)の事業所のうち「会社でない法人」と「法人でない団体」が占める割合、③社会サービス分野の事業所で働いている雇用者数のうち「会社でない法人」と「法人でない団体」が占める割合、④全国消費実態調査による都道府県別に見た家計に占める寄付の割合、⑤共同募金額の県民所得に対する割合、⑥都道府県別の総人口に対する献血者数、⑦社会生活基本調査により一年間にボランティア活動を経験した人の割合、⑧社会生活基本調査によりボランティアをした人の都道府県別年間平均ボランティア日数、⑨都道府県社会福祉協議会が把握している福祉ボランティア数の人口比からなっている。

アンケート調査によるインデックスとしては、内閣府が二〇〇三年と二〇〇五年（日本総研への委託調査）に実施し、その後、同じ質問票により日本総研が二〇〇七年に、日本総研・筆者が二〇〇八年に、また筆者単独で二〇一〇年にそれぞれ実施した調査がある。これは一〇の質問に関する回答率と二つの客観的統計データとを合成したもので、信頼、社会参加、つきあい・社会的交流の三つの観点からまとめている。具体的には、①近所づきあいの程度、②つきあっている人の数、③友人・知人との職場外でのつきあいの頻度、④親戚《しんせき》とのつきあいの頻度、⑤スポーツ・趣味・娯楽活動への参加状況、⑥一般的に人は信頼できると思うか、⑦近所の人々への信頼度、⑧友人・知人への信頼度、⑨親戚への信頼度、⑩地縁的活動への参加状況、⑪ボランティア・NPO・市民活動への参加状況（社会生活基本調査二〇〇一年のボランティア活動行動者率）、⑫寄付の状況（二〇〇一年の人口一人あたり共同募金額）からなっている。また、個別の自治体に対する調査も同様の形態で実施できる。ちなみに筆者は、前述の全国調査のほか長野県須坂市と徳島県上勝町《かみかつちょう》で、内閣府調査とほぼ同様の質問票により、社会関係資本調査を実施している。

なお、分析の話になるが、都道府県、市町村やその他のコミュニティレベルのデータは、平均値で見ると往々にして、個人間の異なった傾向を相殺した結果だったり、異なる要因の影響を受けた結果であり、ただちに集団での平均値を個人にあてはめると誤るケースも多い。いわゆる生態学的誤謬《ごびゅう》を招くので、できるだけ個人のデータも取って検討する必要がある。また、客観的な統計としての地域のデータと個人の回答両方が得られる場合は、分析にあたっては両者の影響を分離してみる必要がある。この場合は、マルチレベル分析という手法で、個人のデータと地域のデータの影響を分離する。これはもともと教育の分野で多用されていた手法で、生徒個人の属性の影響と学級レベル、学校レベル、地域レベルなどの個人の属性ではない影響を分離して解析するために用いられてきた。ただ、そもそも個人データの蓄積が必要であり、かつそれぞれの地域レベルのデータもある程度まとまったサンプル数を必要とするので、データをマルチレベル分析用につくるのは難しくコストがかかるという問題もある。実際、社会関係資本の分野でマルチレベル分析の論文が出始めたのはアメリカでは二〇〇〇年代前半、日本では二〇〇七年からである。

このほか、ネットワーク論の立場から、企業や集団の内部における紐帯のあり方を調査・分析する手法がある。面接や個別調査票に基づき、特定の組織内のネットワークの現状を調査する手法で、ソシオメトリック測定法と呼ばれる。アメリカでは企業内活動などの効率化の観点からネットワークのあり方を論じるビジネススクール学派やそれから派生したコンサルタントが多用しているが、これは企業などの特定の組織に対する悉皆《しっかい》調査となるため、調査対象組織の全面的な協力を必要とする。また、ほとんどの場合は、調査対象の個人に対して、その人が持つ他人との関係（紐帯）すべてを調査しているわけではなく、五人など人数を限って調査している。

この方法は、統計処理ソフトの進歩もあり、ビジュアルに関係を見ることができ、ネットワークで誰が中心にあるのか、他のグループとの紐帯を持ち情報網として無駄のない効率的なネットワークを持っているのは誰か、など使い方によっては大変含蓄に富む事柄が示唆される。しかし、必ずしも個人の持つ紐帯すべてを網羅しているわけではないので、そのデータを取るさいにどのような質問をしているか、たとえば、仕事上の相談相手などを確認して、そのデータの持つ意味や制約を理解しておく必要がある。

## 個人レベルの社会関係資本の計測

個人レベルの社会関係資本の計測方法は、前記のアンケート調査の個人データを用いる方法のほかに、主に、実験により信頼や規範などの認知的な価値観を計測するものと、ネットワークの構造を個人を中心に計測するものの二つがある。前者は社会心理学や経済学における実験によるもので、実験により信頼の構造を検証したものとしては北海道大学の山岸俊男による信頼と安心との違いに関する論考が有名である。後者は社会学から派生したネットワーク論の分野で調査対象の個人に着目して調査するもので、エゴセントリック測定法と呼ばれる。ただし、特定の組織内のネットワークの現状を調査するソシオメトリック測定法も個人を構成要素としているので、個人レベルの社会関係資本も扱うことになる。ネットワーク論からのアプローチで個人レベルの社会関係資本を測定する主な手法には、名前想起法、地位想起法、Resource Generator などがある。

名前想起法は「個人的な問題を誰に相談しますか」といった問いについて、回答者に名前を挙げてもらうもので、ネットワーク調査では頻繁に使われている。

一方、地位想起法は、個人が持っているネットワークという資源の価値を端的に把握しようという試みで名前想起法とは発想が異なる。職種のリストを示し、回答者にどのような職種に就いている人を知っているか尋ね、知っている人たちの中で最も社会的な職業威信が高い人の威信の高さ、知っている人々の威信の幅、アクセスされる威信の数などから、個人の持つ資源の価値を具体的に数値化して求めようとする。

Resource Generator は、あらかじめ「政府の規制に精通している人」と一定期間内にアクセスできる人を個人的に知っているか、といった社会的に有用な事柄の具体的なリストを示し、回答者がそうしたアクセスを保有しているかどうかを確認する。名前想起法で示された個人のネットワークの有用性が、より具体的に把握できる利点がある。

以上、社会関係資本の計測方法について概要を見てきた。社会関係資本は、個人に面接や郵送調査でデータの提供を求めるものは、信頼・規範といった認知的な価値観はもちろんのこと、ネットワークといった構造的なものも含めて、結局のところ、人の心を通して測る部分が出てくる。したがって、個人に面接したり調査票に記入してもらう調査は、どうしても他人の心をのぞきこむ部分が出てくる。つまり、やり方を誤れば倫理上の問題がある。

いずれにしても、研究者たちは具体的な測定のために悪戦苦闘してきたのだが、それなりの成果と方法論を確立してきた。それは同時に、それぞれの測定方法の限界と問題点をきちんと認識するようになったということでもある。

# 第5章　健康と福祉の向上

## ロゼト物語

第3章で社会関係資本と健康の関連について説明したが、本章ではさらに詳しく見ていこう。

社会関係資本と健康の関連で必ず紹介されるケースとして、アメリカ・ペンシルヴェニア州の人口千数百人の田舎町ロゼトがある。この町は、同名の南イタリアの村からの移民が一八八〇年代につくった。スレートの石切り場が主要産業であり、労働環境は決して楽なものではない。食生活も周辺の町と変わらないのに、一九五〇年代から六〇年代にかけて心臓疾患による死亡率が、周辺の町や全国平均の値を大幅に下回っていた。これは、喫煙、食事、運動などの要因では説明できない低さであった。これは「ロゼトの奇跡」と呼ばれ、その後、学術論文のほか一九七九年に『ロゼト物語』として一冊の本にまとめられた[1]。同書でこの研究を発表したブラウンとウルフは次のように述べている。

イタリア系住民の間にある共通の目的意識と仲間意識により、仲間はずれや、裕福ではないことについて困惑させられる、といったことが決して起こらないようにしている。また、隣人に対する気遣いがあり、誰も決して見捨てられることはない。この、家族を生活の中心かつ砦《とりで》としている驚くべき社会の一体感が、災難や困難に対するある種の安心と保険を与え、心筋梗塞《こうそく》と突然死のきわめて低い値をもたらしている。(2)

ロゼトの住民の間には、実際には経済格差があったが、表向きは皆慎《つつ》ましい生活を送っており、裕福な人々が自分たちの富を誇示することがなかったと観察されている。住民は経済的な平等意識を大切にして、一体感を維持していたことになる。しかし、この「ロゼトの奇跡」には後日談がある。一九六〇年代以降、彼らの一体感や平等を重んじる価値観が消えていくのに反比例して死亡率が上昇し、残念なことに周辺のコミュニティとの差は消滅してしまったのだ。

地域コミュニティにおける社会関係資本が住民の健康に大きな影響を与えたもう一つの例として、一九九五年のシカゴ熱波のさいの北ロンデール地区と南ロンデール地区のケースがある。両地区は隣接しており、高齢者の貧困率や一人住まいの比率はほとんど変わらないのに、熱波による高齢者の死亡率は北ロンデールが南ロンデールの一〇倍であった。これは両地域における住民の絆の強弱に起因するとされている。

ヒッパらは、フィンランド南西部のオストロボスニア地方で、フィンランド語だけを話す住民とスウェーデン語も話す住民を比較し、後者のほうが圧倒的に寿命が長いことを明らかにしている。一九九一年から九六年の平均死亡年齢は、スウェーデン語も話す地区では男七十七・九歳、女八十二・九歳だったのに対し、フィンランド語しか話さない地区では、男六十九・二歳、女七十八・一歳だった。ただし、同地方のフィンランド人の寿命は全国平均とほとんど変わらない。つまり、マイノリティであるスウェーデン人地区のほうがマジョリティであるフィンランド人地区より、男性で八・七年、女性で四・八年も長生きであった。特に、両者の間には健康寿命（介護や入院などを必要とせず、健康で日常生活を送れる年数）に大きな差が見られた。フィンランドにおけるスウェーデン人は永くその地に居住し、法的にも権利を保護され、両者の間には経済格差を含めた社会経済的環境に差はなく、同じ医療サービスを受けている。つまり、両者の差は、それぞれのコミュニティにおける社会関係資本の差に起因するということが示唆される。

日本でも埴淵知哉《はにぶちともや》らが愛知県A町のM地区に焦点を当て、この地区の社会関係資本が退職後も社縁を基礎に成り立っており、周辺地区と比べより健康的な行動を取り、地域の互酬性や水平的組織への参加を指標とする社会関係資本が豊かであることを明らかにしている。

M地区は人口千人ほどの小さな住宅地であり、一九七〇年頃にある大企業が社員向け戸建て住宅地として開発した。この企業は他県に事業所を持っており、M地区の住民はその他県の事業拠点から集団で移動してきた人々であった。彼らは定年退職後もM地区に住み続けており、埴淵らによれば調査サンプルの七割以上が愛知県外の育ちと回答している。いわば日本国内版ロゼト物語である。

## 仮説の実証――長野県須坂市での調査

日本は超高齢化社会を迎えている。高齢者が住み慣れた地域でいきいきと暮らし、人生を全うするためには、制度・政策面からの支援だけでなく、住民の共助（NPO、ボランティア、近隣の関与）が重要な要素となる。特に、一人暮らしや夫婦高齢者世帯が多い地域では、高齢者の生活不安を和らげるうえで、近隣を含めた地域が果たす役割はきわめて大きい。地域の課題に対処すべく、地域における社会関係資本の役割は大きい。以下では、筆者が東京都老人総合研究所と長野県須坂市の協力を得て行った、須坂市の調査を紹介したい。

調査では、社会関係資本の形成過程を明らかにすることに留意し、以下の三つの仮説の具体事例に重点を置いた。

仮説1　コミュニティが結束していれば、金銭、病後の介護・移動などの社会的支援の提供が容易である。

仮説2　コミュニティが結束していれば、健康上の規範が強化される。孤立していると喫煙・飲酒・過食などに陥りやすい。

仮説3　コミュニティが結束していれば、質の高い医療サービスを確保しやすい。

### 須坂市の概要

須坂市は大都市でもなく過疎地でもない、典型的な地方中規模都市である。長野市に隣接し、人口五万三六六八人、高齢者人口比率二三%（二〇〇五年国勢調査）の市である。蔵の街として観光にも力を入れているが、もともとは傾斜地に何本も走る水路を利用した製糸業を中心とした産業の街であった。ただ、須坂市の工業統計製造品出荷額は一九九一年から二〇〇〇年にかけて三六%増加したが、その後大幅に減少し、二〇〇四年は二〇〇〇年の半分以下、九一年と比較しても約四割減となった。また、小売り販売額は微減を続けている。しかし、この間、人口は一貫して五万三〇〇〇人前後で安定している。古くから農業に加え養蚕・製糸業が盛んで、一八七五年（明治八年）には全国で初めての製糸結社東行社《とうこうしゃ》が設立され、第二次世界大戦までは製糸の街として栄えた。戦後、製糸業は衰えたが、富士通の工場が立地したことから電子部品製造業も多い。しかし現在は長野市のベッドタウン化し、中心市街地は県立須坂病院の周辺を除き、宅地化している。工業と小売業の低迷、中心市街地の空洞化という観点から見れば、典型的な地方中都市である。第7章で格差は社会関係資本を壊すという議論を展開するが、青山学院大学の西川雅史《にしかわまさし》が納税者データから推計した須坂市の納税者所得のジニ係数（完全平等だとゼロ、完全不平等〔たとえば、一〇〇軒のうち九九軒が所得ゼロで、一軒だけが所得のある世界〕だと一となる指標）は二〇〇三年度で〇・三三九と全国の市町村別に見てほぼ中間のグループに属している。

### 郵送調査——調査目的と設問

この調査は、須坂市における信頼、社会参加、地域での活動、生活満足度、利他的行動などの観点から見た社会関係資本の実態を調査することを目的としている。①他人への信頼について、②日常的なつきあいについて、③地域での活動状況について、④主観的健康・抑うつ度について、⑤自身の生活について、⑥寄付・募金活動について、⑦回答者の属性について尋ねている。

二〇〇九年三月三十一日末で二十歳以上の須坂市民一五〇〇名を須坂市が住民基本台帳から無作為抽出して、二〇〇八年八月十日から十二月の間に郵送方式で実施し、有効回答五九九通を得た。なお、主観的健康と抑うつ度の問いは、東京都老人総合研究所の倫理委員会の承認を得た形式を採用している。調査主体は筆者だが、アンケート上は須坂市役所の協力を得て、須坂市と表記されている。

## 全国調査との比較

表2は、本調査と別途実施された全国調査との比較である。全国調査は二〇一〇年九月に筆者が実施したもので、全国五〇地点を無作為に選び、さらに各地点の住民基本台帳から無作為に八〇人を選び、合計四〇〇〇人（八〇人×五〇地点）に郵送し、一五九九名から回答を得た。両者を比較してみると、一般的信頼、社会参加、社会交流のいずれの観点から見ても、須坂市の社会関係資本はきわめて厚い。

まず、相手を特定しない一般的信頼についての「あなたは、一般的に人は信頼できると思いますか。それとも信頼できないと思いますか？」という問いに対して肯定的に答えた者の比率は、全国調査では二八％だが、須坂市では三四％と六％ポイントも高い。

このほか、ほとんどの項目で須坂市の数値は全国調査を上回っている。一般的な信頼以外

| 相互信頼・相互扶助 | | | | |
|---|---|---|---|---|
| 近所の人々への信頼 | 家族への信頼 | 親戚への信頼 | 友人・知人への信頼 | 職場の同僚への信頼 |
| ほとんど信頼できる | 頼りになる | 頼りになる | 頼りになる | 頼りになる |
| 40.53% | 89.12% | 66.67% | 69.73% | 36.52% |
| 48.40% | 88.70% | 71.90% | 68.70% | 31.90% |

| | | 社会参加 | | |
|---|---|---|---|---|
| 親戚とのつきあい頻度 | 職場の同僚とのつきあい頻度 | 地縁活動 | スポーツ・趣味・娯楽活動 | ボランティア・NPO・市民活動 |
| 日常的・頻繁 | 日常的・頻繁 | 参加している | 参加している | 参加している |
| 38.02% | 22.08% | 46.09% | 46.72% | 25.27% |
| 39.60% | 20.50% | 53.20% | 46.90% | 27.30% |

の特定のグループや人々への信頼で見ると、近所の人々と親戚への信頼が特に高い。「近所の人々への信頼」は全国調査の四割に対して須坂市は五割。親戚への信頼も、全国調査六七％に対して須坂市七二％となっている。

また、つきあいでは、友人・知人とのつきあいの頻度が全国をはるかに上回っているが（須坂市五四％、全国調査四九％）、さらに近所とのつきあいも、程度・人数のどちらも全国平均より突出して高い。「近所づきあいの程度」の中で「何かあれば協力する、ないしは立ち話程度する」と答えた者は全国調査では六〇％にすぎないが、須坂市では七三％に上っている。また、「近所づきあいの人数」で「かなり多くと面識がある」とした者は、全国調査で五九％だが、須坂市では七二％に上

**表2◉須坂市調査と全国調査の比較**

| | 類型 | 一般的な信頼 | |
|---|---|---|---|
| | 設問 | 一般的な信頼 | 旅先での信頼 |
| | サンプル数 | ほとんど信頼できる | ほとんど信頼できる |
| 全国調査郵送(2010) | 1599 | 27.89% | 21.33% |
| 須坂市(2008年) | 599 | 33.80% | 22.00% |

| | つきあい | | |
|---|---|---|---|
| | 近所づきあいの程度 | 近所づきあいの人数 | 友人・知人とのつきあい頻度 |
| | 協力・立ち話 | かなり多くと面識 | 日常的・頻繁 |
| 全国調査郵送(2010) | 60.35% | 59.47% | 49.22% |
| 須坂市(2008年) | 72.70% | 72.40% | 54.10% |

(出所)筆者作成

っている。つまり、須坂市では近所の人々とのつきあいが重要であり、相互の信頼も厚い。

　このほか、社会参加でも須坂市は全国を上回っている。特に地縁活動への参加率は、全国の四六%に対し、須坂市は五三%に達している。その一方で、「職場の同僚とのつきあいの頻度」はほぼ全国と同水準である。

## 男女別・年代別の比較

　図7に、須坂市における男性六十歳未満、男性六十歳以上、女性六十歳未満、女性六十歳以上の四分類で見た生活満足度に関する回答の概要を示した。これによると、男女ともに六十歳以上の階層のほうが、六十歳未満層よりも生活満足度が高い。一方、六十歳未満層では、男性の生活満足度が特に低く、ほぼ

図7◉須坂市における男女別・年代別生活満足度調査
自分自身の生活に満足しているか

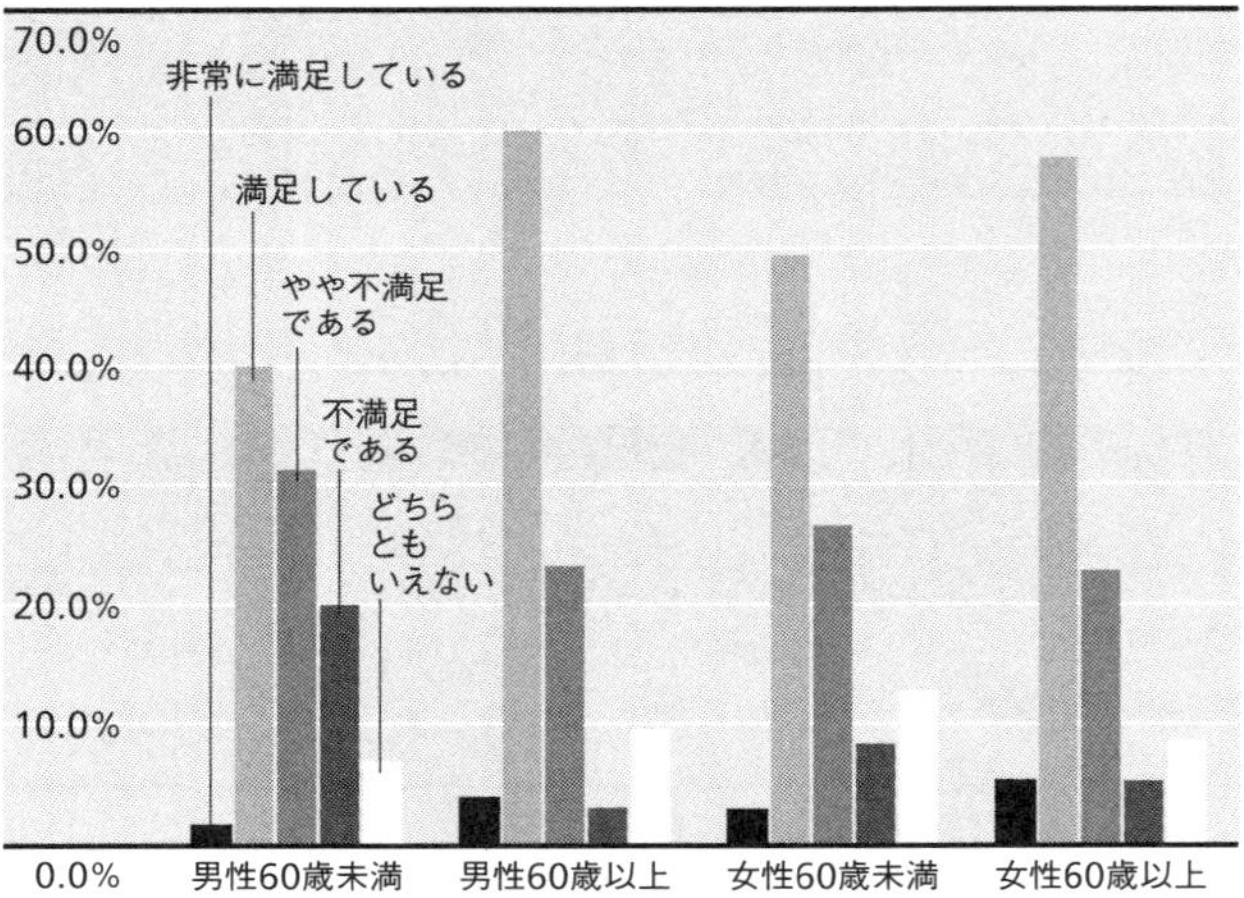

(出所)筆者作成

二人に一人(五一%)が満足していない。このほか、図には示していないが、男女の性差が大きく、女性は一般的信頼や旅先での信頼で「信頼しない」とする者の比率が男性よりも高く、閉鎖的な側面がうかがわれる。また、男性六十歳未満層の自己評価が低い、などの特徴が見られる。

## 主観的健康など

須坂市調査では主観的健康は、「とても健康だ」「まあまあ健康だ」「あまり健康でない」「健康ではない」の四つの選択肢に対する回答である。また、抑うつ度は、「自分の生活に満足していますか」「これまでやってきたことや、興味のあったことの多くを、最近やめてしまいましたか」「退屈だと感じることが、よくありますか」など一五項目の問いに対する回答状況から見た。抑うつ度は、一般的信頼、近所づきあいの程度と頻度、友人・親戚・同僚とのつきあい頻度、地域での活動（社会参加・社会交流）、寄付活動（利他的行動の代理変数）など、信頼・規範・ネットワークである社会関係資本の構成要素すべてと統計的に有意に相関している。抑うつ度が低い人ほど一般的信頼が高く、社会参加・社会交流も活発に行い、利他的な行動にも前向きである。逆に、抑うつ度が高い人ほど心配事が多く、組織や個人への信頼は低い。

ただし、これらの項目と主観的健康との関連は、抑うつ度よりも弱い。主観的健康は、一般的信頼や地域活動との相関は認められるが、近所づきあいや友人・親戚・同僚とのつきあいとの相関は見られない。これは、須坂市ではもともと、近所づきあいや友人・親戚との交流が、健康感に関わりなく緊密だからかもしれない。

## 聴き取り調査

郵送調査は一般的な動向を示したものであり、その背後にある具体的な住民活動の実態は不明である。そこで、郵送調査に加えて、現地における具体的なネットワーク形成などの実態について二八名に聴き取り調査を実施した。なお肩書はヒアリング当時（二〇〇九年九月から二〇一〇年二月）のものである。

聴き取りから、社会関係資本に関連する活動として多数の事例が得られた。

①現在全国で実施されている保健補導員制度発祥の地であり、現在も主婦が持ち回り実施している。
②街並み保存のＮＰＯ活動（信州須坂町並みの会）が二〇年間にわたり存続（長野県では二〇年間存続したのは二ヵ所のみ）。
③住民による助け合い推進運動が大々的に展開されている。
④街道に花を植えるボランティア活動が、市内六四団体参加で一五年にわたり存続している。
⑤市内の全小中高に青少年赤十字団の支部があるのは長野県下で須坂市だけ。
⑥市内の地区すべてで「助け合いマップ」を作成したのは全国で須坂市だけ。
⑦市民福祉アンケート調査では近所に困っている人がいるとき、「頼まれなくても関わる」人が二五％。一方「頼まれたら関わる」が七〇％を超える。
⑧県立須坂病院産婦人科分娩《ぶんべん》休止の事態に対して、住民が結束して再開のための運動を展開。

⑨中心市街地の商店街は衰退したが、緊密な人間関係は維持されており、地域における子どもの見守りなどを含め、安心・安全な住環境が維持されている。
⑩薬局で渡される「お薬手帳」を市域全体で統一したのは全国で二例目、ＮＨＫの全国放送で紹介される。
⑪児童の登下校見守りボランティアは一四〇〇名。

須坂市でこれらの活動が生まれ、持続している背景として、三木正夫《みきまさお》須坂市長は、水害のある地域では防災のためもともと住民が協力し合っていたこと、良い水が少ないため住民が結束して水を大切にしていたこと、森林では入会地があり川下の人も上流の地域に入会地や森を持ち地域間の交流があったこと、江戸時代に統治していた堀《ほり》家は外様《とざま》で一万石であり常に危機感があったため、進取の気象に富んでいたことなどを指摘している。

また、佐藤壽三郎《さとうじゆさぶろう》須坂市議会議長によれば、こうした利他的な、特に、目下の者を引き立てることは従来からこの地域にある気質だとして、次のように述べている。

「こちらのほうでは、まつべる、まつばると言うんです。これは見返りを求めないんですよ。地縁、血縁的な部分から始まって、こいつは見込みがあるぞとすると引き立ててくれるわけです。それは親類以上に引き立ててくれますよね」

こうして見ると、須坂市における厚い社会関係資本には歴史的・文化的背景が大きく影響しているように思われる。

## 仮説の例証

歴史的・文化的影響についてはより詳細な分析が必要だが、以下では健康に関連して、聴き取り調査で明らかになった須坂市における事例を紹介する。これらは本章の冒頭で紹介した仮説に該当するものである。

仮説1　コミュニティが結束していれば、金銭、病後の介護・移動などの社会的支援の提供が容易である。

この例として、住民による「助け合い起こし」によるまちづくり運動が挙げられた。須坂市では二〇〇二年度から二〇〇六年度の五年間、須坂市社会福祉協議会が国の指定を受けて「ふれあいのまちづくり事業」を実施した。この事業の中で、住民流福祉総合研究所の木原《きはら》孝久《たかひさ》所長の指導を得て、「助け合い起こし」によるまちづくり運動を実践している。「助け合い起こし」とは、住民同士の互助をより容易にしようとすることで、二〇〇四年十二月に発表された「助け合い起こし　須坂市地域福祉活動計画」の策定には、社会福祉協議会だけではなく、一般公募による市民代表九名、市内六九の区の区長会、民生児童委員協議会、福祉施設、小規模作業所、ボランティアグループ、青年会議所、婦人会、保健補導員会、公民館、商工会議所、ＮＰＯ法人、農協、郵便局、須坂新聞社、須坂市役所の代表など作業班を含めて五一名が加わっている。計画策定のために研修・調査を含めて、のべ三四回の会合が持たれた。

また、近所の「助け合いマップ」（五〇〜一〇〇世帯で、住民間の助け合いの関係を示すマップを作成するもの）作成のための会合が二七回開催された。マップづくりは地区の住民も参加しており、計画策定の過程そのものが、市内に存在する大部分の組織の間にネットワークを形成する活動であったことがわかる。

この「助け合い起こし　須坂市地域福祉活動計画」の策定後、毎年「助け合い起こしによるまちづくり推進大会」が開催され、二〇一〇年二月に第四回大会が開催された。この大会では、人に助けを求めること自体が勇気を要することであるという認識から、助けた人だけではなく助けられた人を表彰する「助けられ大賞」を授与している。大賞は、弱視のため教室の最前列に座りたい学生がなかなかそれを言い出せなかったのだが、思い切って口に出して周囲の理解を得た話や、障害のあるお孫さんが福祉作業所へバス通勤する話、などで、いずれも助けられる側がどうしても遠慮して言い出せないのだが、その一線を乗り越えて助けを求めると、本当に篤《あつ》い人情が存在しているということがわかり、思わずほろりとさせられる。

他人に助けを求めるという情報発信で住民間のネットワークが形成・強化されるということだが、「助けられた」側を表彰するのは全国でも例がない。助け合い起こし運動は、まさに社会的支援のネットワークづくりと評価することができよう。また、この運動の過程で作成された「ご近所助け合いマップ」は、市内に約八〇〇人存在している一人暮らしの老人への対応にも役立っているという。

こうしたユニークな運動が実現した要因として、社会福祉協議会の会長の決断、それを支える事務方のまとめ役・推進役の存在があったと、複数の聴き取り先から指摘があった。また、こうした活動が可能になる背景として元来、地縁的なネットワークが強いとの指摘があった。

「多分、土台となるところに、昔の村組織じゃないけれども――須坂は自治会が六九あって、大方は昔の農村部なわけなんですよね――区と称してるんですけれども、区の行事というのがちゃんとしてるんだと思うんですよ。川掃除をみんなで出てやるとか、そこの地区の神社のお祭りをみんなで出てやるとか、地区の廃品回収があるとか、育成会があるとか、そういうもともとの自治会単位の活動というか、つながりが強いのです。それに、住んでいると、町中にもお地蔵さんがあればそこの氏子＝その区を構成しているみたいなところがあったりとか、ベースにはきっとそういうところがある」（須坂市健康づくり課長青木信一郎）。

仮説２　コミュニティが結束していれば、健康上の規範が強化される。孤立していると喫煙・飲酒・過食などに陥りやすい。

この具体的事例として、保健補導員制度の普及とその支援組織の存在が挙げられた。保健補導員の制度は現在全国に普及しているが、須坂はその発祥の地である。終戦直前の一九四五年四月、後に須坂町と合併する高甫《たかほ》村で、食糧不足、過労、寄生虫、伝染病、母乳不足などの対応に追われる保健婦の活動に対する村人ら住民の協力申し入れを受けてつくられた。婦人会のメンバーが一五名、任期二年で保健婦活動に協力した。その後、隣接の井上《いのうえ》村、日《ひ》野《の》村、豊洲《とよす》村でも同様の活動が生まれ、これらの自治体が須坂町との合併のさい、合併の条件として市全域に補導員制度の設置を申し入れ、一九五八年四月に須坂市全域に保健補導員制度が設置された。

この保健補導員会は二年ごとに各地区から持ち回りで委員が出て、保健活動に関する研修を受ける。当初は須坂市全体で一五四名の補導員を任命して始まったが、現在では毎期二八〇名で実施しており、保健補導員の体験者が五〇年で六一五〇人を超えている。須坂市の青木健康づくり課長はその活動を次のように評価している。

「保健補導員会自身は二年任期でやってるんですよね。行政側の位置づけは、保健補導員の人が、まず健康について学習してもらうこと、補導員さん自身が学習を深めたりとか知識を得ることによって、自分の家族へ伝播していくということで、酒飲んじゃ駄目じゃないのとか、たばこは吸わないほうがいいよとか、味噌汁《みそしる》は今日からしょっぱくしないよというようなことを、まず自分の家族でやっていってもらう。まず自分が知って家族で実行する。それで、公会堂行ってみたらたばこをみんな吸っている。うちの町の公会堂は禁煙にしましょうよとか、そういうふうに少しずつ地域の中でも広がっていったり。市で今健診をやっているからみんな受けましょうとかね。それで広がっていくと。基本は補導員さん本人が一定の知識を持っていただくということです」

この制度は高甫村の保健婦大峡美代志《おおばみよし》の活動を見た村民が、自ら協力を申し出て発足したものだという。「言い伝えによると、昔合併する前、高甫村の保健師の大峡さんという人が、一生懸命、子どもの病気だとか寄生虫だとか、母子の保健だとか、妊婦さんの面倒見るとかそういうので一人で走り回っていたのを見て、そういう衛生の部分で広げることができるんだったら私たちもやるよっていう周りがいた、ということからスタートしたんです」

制度発足当初の事情について、保健補導員四〇周年記念座談会では、次のようなやり取りが採録されている。

「大峡：全市的になったのは昭和三十三年頃だが、この芽生えは戦争中の昭和十九～二〇年頃にあった。伝染病、寄生虫など死者が出て今（引用者注：一九九八年）の東南アジアみたいだ。お国や人のためにひたすら仕事に打ち込んだ。保健婦が一生懸命やっているので手伝ってやろう。この精神が保健補導員会のバックボーンであった。頼まれてやったのと違い、この精神は忘れないで欲しい。

和久井（元須坂市保健衛生課長）：当時の大峡さんは若かったし、やる気満々で恐ろしかった。仁礼《にれい》言葉で「エサ、オメサン、ソジャネエカナ」何とも言えない親しみと圧力さえ感じた」(3)

山裾《やますそ》の村の住民と保健師のネットワークから始まったものが、その後、須坂市全域に広がり、多数の人々がこの制度を介してつながることになった。大峡という活動の核になるキーパーソンを得たことも重要だが、それに応《こた》えた村民のネットワークも大きな役割を果たしたように思われる。

仮説3　コミュニティが結束していれば、質の高い医療サービスを確保しやすい。

この例として、県立須坂病院の産婦人科の分娩休診について長野県に対する陳情の署名活動を実施し、二年後に再開させた住民運動（地域で安心して子供を産み育てることができることを望む会）が挙げられる。

この住民運動は、県立須坂病院の産婦人科医二名のうち一名が怪我《けが》をし、分娩の対応が残った一名の医師に集中することとなったため、二〇〇八年四月より分娩への対応を休止するとの、二〇〇七年八月二十七日の発表を受けて始まった。母親たちが中心となり、九月五日には「地域で安心して子供を産み育てることができることを望む会」を立ち上げ、わずか三週間で三万三九八五筆の署名を集め、さらに二〇〇七年十月二十九日までの二ヵ月弱の「またたく間に」（齊藤博県立須坂病院長談）五万七〇〇九筆の署名を集め、県知事に大きな圧力を与えた。二〇〇八年四月、須坂病院の産婦人科は外来のみとなり受診者が激減したが、二〇〇八年十一月、県立須坂病院に新たに二名の産婦人科医師が赴任し、二〇〇九年三月から分娩への対応を再開した。二〇〇九年四月には、さらにもう一名産婦人科医が加わり、産婦人科は医師四名体制となり、分娩への対応を休止する以前よりもむしろ増員された。

この「望む会」の中心人物である倉石知恵美《くらいしちえみ》は、子どもの通う保育園の母親たちのつなが

「へそのお」の活動風景（撮影・松田かよ）

りから、一九九六年に自宅を開放して母親たちの子育てサロンを開き、二〇〇二年にNPO法人「へそのお」となった。サロンは毎日のように、倉石の自宅で開催され、子育て中の母親であふれかえっていたという。このサロンでは、参加者のニーズに応じて「双子の会」、「ウルトラの会」（発達障害を持つ子どもの母親の会）、「アレルギーの会」などが立ち上がり、それぞれ悩みを抱える母親たちが参加していた。「地域で安心して子供を産み育てることができることを望む会」の発足にあたっては、この「NPO法人へそのお」のネットワークが役立ったという。ただ、倉石は同時に、社会福祉協議会、須坂市保健補導員会など、「へそのお」も含めて八団体を「望む会」

の発起人とし、これら八団体のネットワークで署名を集めた。

また、「望む会」の設立にあたってはメディア向けに記者会見を設定し、陳情活動についての住民の認知度を高めるようにした。加えて、「へそのお」の参加者を中心に母親たちが土日に公園やハイウェイオアシスに出向いて署名活動を行った。

倉石は行政にもネットワークを持ち、署名活動には、須坂市長、小布施《おぶせ》町長、高山《たかやま》村長も名を連ね、支援した。これは署名活動の信頼性を高めるのに役立ったという。三木須坂市長はたびたび「へそのお」を訪問し、ざっくばらんに対話し、倉石によれば「三木市長は低姿勢な方で、隣のおじさん、お父さんみたいな人」で「市長のおかげで行政との距離が近くなった」という。

住民運動は須坂市、小布施町、高山村の人口の八割近くが署名するものとなったが、県立須坂病院の産婦人科での分娩は二〇〇八年四月から休止となり、運動に参加した母親たちの間には挫折感《ざせつかん》が漂った時期もあった。「望む会」は四月以降も勉強会などを開催して活動していたが、二〇〇八年後半、活動を休止した。このように、県立須坂病院の分娩取り扱いはいったん休止したものの、齊藤博県立須坂病院長によれば、「望む会」の運動は村井仁《むらいじん》長野県知事の政治的なスタンスにもマッチするもので、産婦人科での分娩再開のため県も動いたという。また当初は、産科の医師不足問題への対応のため発足した会であったが、問題はお産だけではないことを住民自身がこの活動を通じて認識していったことが大きいと齊藤院長は指摘している。県立須坂病院では内科医の減少にも直面しており、この主婦たちの運動の後、県庁に医師確保室が設けられた。齊藤院長によれば「住民運動を見ていると我々もいい加減にはできない、私らも死ぬ気でやらなければと思わされた」とのことであった。この運動の中心となって活動した倉石は「須坂は大きな家族のようなもの、困ったときは助けてもらえる所」と述べている。

## 何が重要か――住民間のネットワークを起動させるキーパーソンの存在

助け合い起こし運動、保健補導員、地域で安心して子供を産み育てることができることを望む会、いずれのケースも活動を始めるにあたって中心的役割を担うキーパーソンが存在していた。保健補導員の場合は高甫村の保健婦、助け合い起こしでは社会福祉協議会の職員、「望む会」では子育てサロンを主宰していた主婦がそれぞれの活動で八面六臂《はちめんろっぴ》の活躍をした。いずれも肩書はないが現状に精通している女性である。

子育てサロンを主宰した倉石は飯山《いいやま》市から須坂に嫁いで来た人だが、豪放磊落《ごうほうらいらく》、大変前向きな人柄で、一緒に活動した主婦は彼女のことを「肝っ玉母さんのような人」と評していた。

地域の絆という意味での社会関係資本の形成にはこうした現場の事情に精通し、利他的な活動をいとわないリーダーシップを持つキーパーソン、住民流福祉総合研究所の木原のいう「世話焼き」の存在がある。

ただ、こうしたキーパーソンも、単独での活動ではその影響力も限られている。これらのキーパーソンはいずれも地域でのネットワークづくりにも長《た》けていた。保健補導員の場合は他の主婦が保健婦に協力を申し入れネットワークが形成された。助け合い起こしでは社会福祉協議会のネットワークがあった。「望む会」ではもともと、子育てサロン活動による母親たちのネットワークが存在していた。この三つのケースではキーパーソンが単なる世話焼きで終わらず、独自のネットワークを形成する能力があったことが重要である。

## 地縁的ネットワーク・NPO・行政の協働

須坂市における三つのケースでは、自治会や商工会といった地縁的団体と目的別に設立されているNPOが共同して各課題に取り組み、これを行政が後押しする形をとり、地縁的ネットワークとNPOのネットワーク、行政のネットワークの三者が協働している。保健補導員のケースでは高甫村という山裾の村で住民が孤軍奮闘している保健婦に自主的に協力を申し出たのが始まりであった。地縁的な活動ではあるが保健という目的が明確であり、今でいうNPO活動でもあった。さらに住民の協力申し入れを行政が受けて、行政がバックアップする形で保健補導員制度が確立した。地縁団体・ＮＰＯ・行政の協働といえるだろう。

助け合い起こしでも、従来中心となって活動していた社会福祉協議会がコーディネーターとなって、地縁団体とＮＰＯの両方をメンバーとする助け合い推進会議をつくっている。また、行政（須坂市）は職員を社会福祉協議会へ派遣している。

「望む会」も母体は「へそのお」というＮＰＯであるが、地縁団体も行政を含めた大きなネットワークを形成している。

本章で取り上げた三つのケースは、いずれもＮＰＯ的な目的が明確な活動と地縁団体の活動が融合し、それを行政が側面から支援している形態を取っている。結局のところ社会関係資本を住民間のネットワークとして考えると、それがうまく機能するには、核となるキーパーソンも大切だが、キーパーソンの意思を実践に移すことのできる地域のネットワークの存在がより重要である。

# 第6章　社会関係資本の男女差

## 自殺と孤独死は男性が多い

第5章では社会関係資本と健康の関係を見たが、本章では健康とも密接に関連している高齢化社会の問題を社会関係資本の観点から、特に男女の性差に焦点を当てて検討したい。

デュルケームの『自殺論』は十九世紀末のヨーロッパ諸国、特に彼の母国であるフランスを主な対象としたものだが、自殺は男性が圧倒的に多いという指摘は、現代の日本にもあてはまる。二〇〇八年の自殺者数が三万二〇〇〇人を超えたが、近年の日本の自殺者の七割は男性である。男性の自殺は失業率と相関しているといわれてきたが、図8に示されるように、二〇〇三年以降二〇〇七年までの五年間は失業率が低下したにもかかわらず、男性の自殺は一向に減っていない。また、孤独死も男性が多い。東京都監察医務院の統計によると、二〇〇四年の都内での六十五歳以上の一人暮らし者自宅死亡二三六一名のうち、やはり七割の一

**図8◉人口10万人あたり自殺者と失業率の推移**

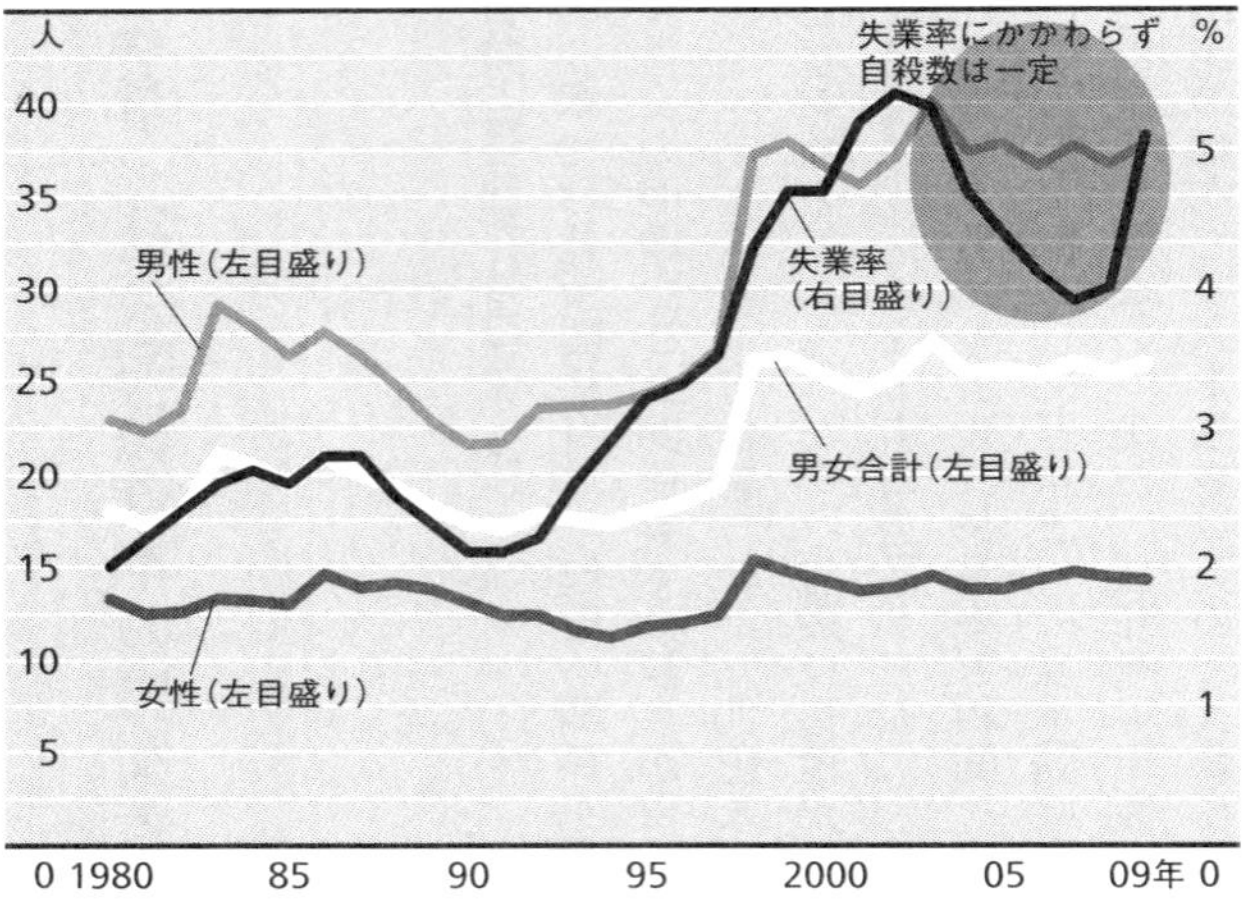


（出所）警察庁生活安全局地域課「平成21年中における自殺の概要資料」
総務省統計局「労働力調査」により筆者作成

六五八名が男性であった。

木原孝久によると、中高年男性の場合、妻が倒れると、これまでの恩返しといって夫が頑張って妻を看病しようとするが、結局、炊事・洗濯に疲れ果てたと遺書を残して自殺する者がいるという。逆に、妻が夫を看病して、炊事・洗濯に疲れ果てたと遺書に書く者はいないという。要するに、男性のほうが孤独な最期を迎えやすく、頑張りが利かないようだ。

加えて、男性のほうが引きこもりになりやすい。誰でも七十五歳を過ぎると、体力の衰えもあり、外出が億劫《おっくう》になりがちになり、人と人とのネットワークを通じた社会参加・社会交流、つまり社会関係資本が壊れてくる。しかも、男性はそ

**図９◉Ｓ県○町国民健康保険の男女別健康診断受診率**

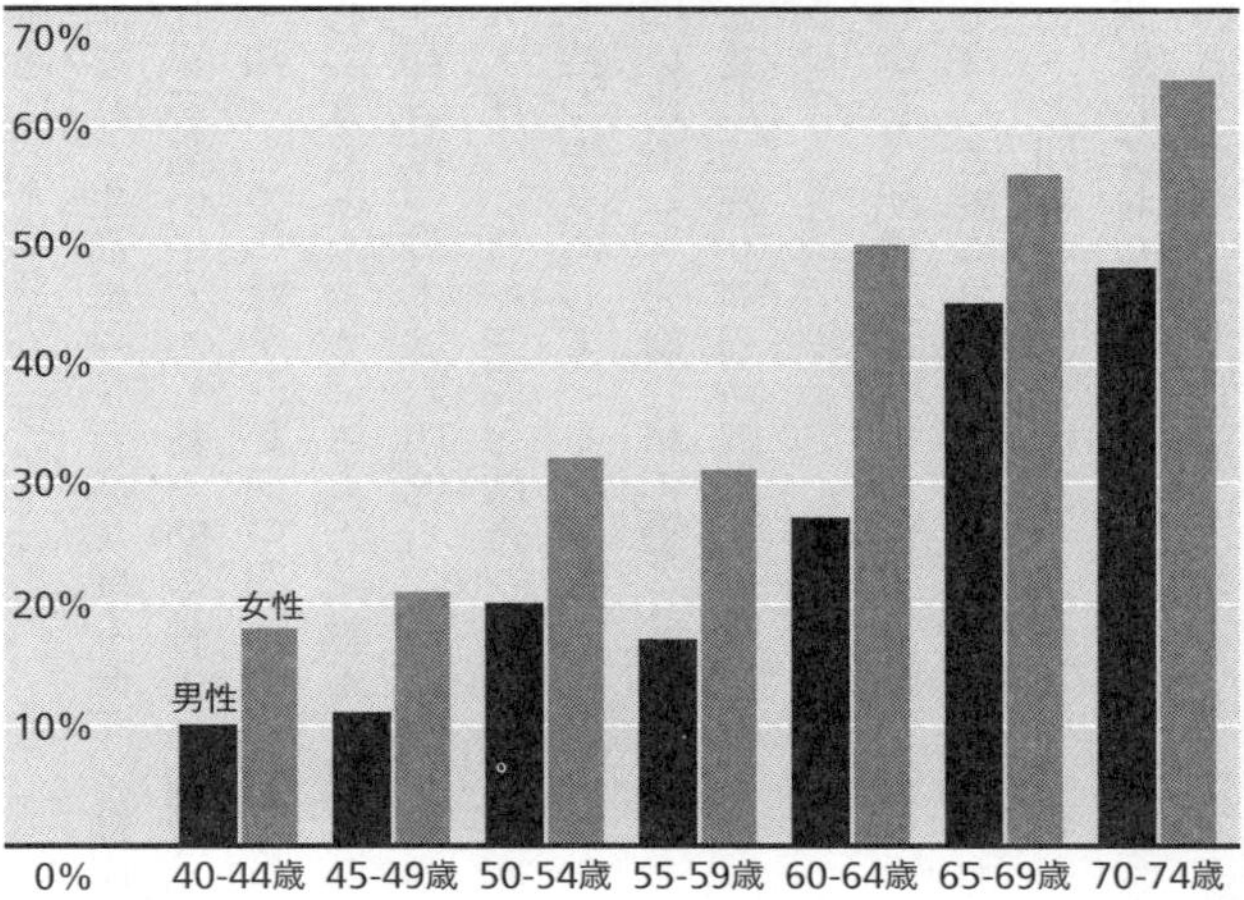


（出所）Ｓ県○市の資料より筆者作成

もそも社交性に欠ける。図９はある自治体の国民健康保険による健診受診率だが、男性の受診率は女性と比べて明らかに低い。健康診断にも出てこないのだから、引きこもりの中高年男性を引っ張り出すのは容易ではない。本章では、筆者も含めてこうした「厄介な生き物である中高年男性」をいかに活性化させ、豊かな社会関係資本を持つことができるようにするかを考えるために、まず基本的な事実を確認することから始めたい。

## 社会交流・社会参加から見た高齢者の社会関係資本の国際比較(1)

内閣府『第六回高齢者の生活と意識に関する国際比較調査』を見ると、日本の高齢者（六十歳以上）はアメリカ、ドイツ、フランス、韓国の高齢者と比較して、経済的にも恵まれ、生活に対する満足度も高く、健康な者の比率と日常生活で援助を必要としない者の比率が高い。しかし社会関係資本の観点から見ると、家族との絆を大切にする一方、友人・知人とのつながりが他の四ヵ国よりも希薄であることがわかる。

「心の支えとなっている人」は誰か（複数回答）との問いに対し「配偶者・パートナー」という回答は、日本は六四％で、他の四ヵ国の五割前後に比して高い。その一方で、「親しい友人・知人」は一三％と欧米三ヵ国の三〜四割と比して低い。また、「夫婦一緒に過ごす時間を持つようにしているほうか、それぞれが自分の時間を持てるようにしているほうか」との問いに対し「夫婦一緒に過ごす時間を持つようにしている」という回答は六割弱で、ドイツと並んで残りの三ヵ国よりも高い。しかも、一九九〇年調査の四割強から大幅に上昇している。

しかし、配偶者・パートナー以外の家族については、距離を置く態度が見受けられる。たとえば「老後における子どもや孫とのつきあい」について、「いつも一緒に生活できるのがよい」と回答した割合は、一九八〇年調査の六割弱から二〇〇五年調査では三五％と、急激に減少しており、「ときどき会って食事や会話をするのがよい」が三割から四割強へ増加している。また、「別居している子どもとの接触頻度」については、「ほとんど毎日」「週一回以上」の合計が、他の四ヵ国に対して日本は比較的低い。[2]

近所づきあいでは「週に何回ぐらい、近所の人たちと話をするか」について、「ほとんどない」と回答した割合は、日本はアメリカに次いで高い。[3] 一九八〇年調査では、日本は三二％であり、日本の数値はその後の調査でも三割前後で、国際比較で見ても終始高かった。それがここ一〇年で「ほとんど毎日近所の人たちと話をする」が一一％ポイント増加しており、近所づきあい復活の兆しが見て取れる。

しかし、具体的なつきあい方になると、日本は「外でちょっと立ち話をする程度」が六六％で、他の四ヵ国が三割から四割台であるのと比べると、日本は儀礼的である傾向がきわめて高い。また「相談事があった時、相談したり、相談されたりする」「病気の時に助け合う」も他の四ヵ国と比べて大変低い。[4] しかも「家族以外に相談あるいは世話をし合う親しい友人がいるか」について「いない」と回答した割合は、アメリカ、ドイツ、フランスは一五～二二％であるが、日本は三〇％で、韓国の三六％に次いで高い。

このように、日本の高齢者の家族や友人とのネットワークとしての社会関係資本は、配偶者・パートナーなどの同居している家族が中心で、それ以外については比較的弱くかつ儀礼的な紐帯である。つまり、配偶者やパートナーを失った場合、日本の高齢者の社会関係資本は大きく失われる可能性がある。しかし、見方を変えれば、高齢者の社会参加を高める余地は大きいともいえる。『平成十九年版国民生活白書』によれば、社会参加は人々の精神的な安らぎと生活満足度に密接に結びついているから、高齢者の精神的な安らぎと生活満足度を高める余地は大きいだろう。

## 社会交流・社会参加から見た年齢階層別社会関係資本

それでは、個人の社会関係資本は年齢階層別にはどのように変化するのだろうか。内閣府が二〇〇七年に発表した『平成十八年度国民生活選好度調査』は、全国に居住する十五歳以上八十歳未満の男女を対象に、五歳区切りで年齢階層別の調査（サンプル数五〇〇〇）を行っている。

この調査によると、同居している家族と過ごす時間は、男性では四十～四十四歳が一番少なく、約四〇％以上が家族との時間が取れていないと感じている。しかし、「十分取れている」と「まあ取れている」との回答は、五十五～五十九歳の七割強から六十～六十四歳の八割強へと、退職年齢を境に急上昇し、さらに六十五歳以降はほぼ九割近くになり、ほとんどの男性が退職年齢を境に、家族との時間が「取れている」ということになる。

男性の場合、退職年齢を境に家族以外の社会参加の形態も大きく変化し、社会関係資本の再構築が行われていることがうかがわれる。図10、図11に示されるように、退職期にあたる

**図10◉家族以外の人とのつながり（男性）**

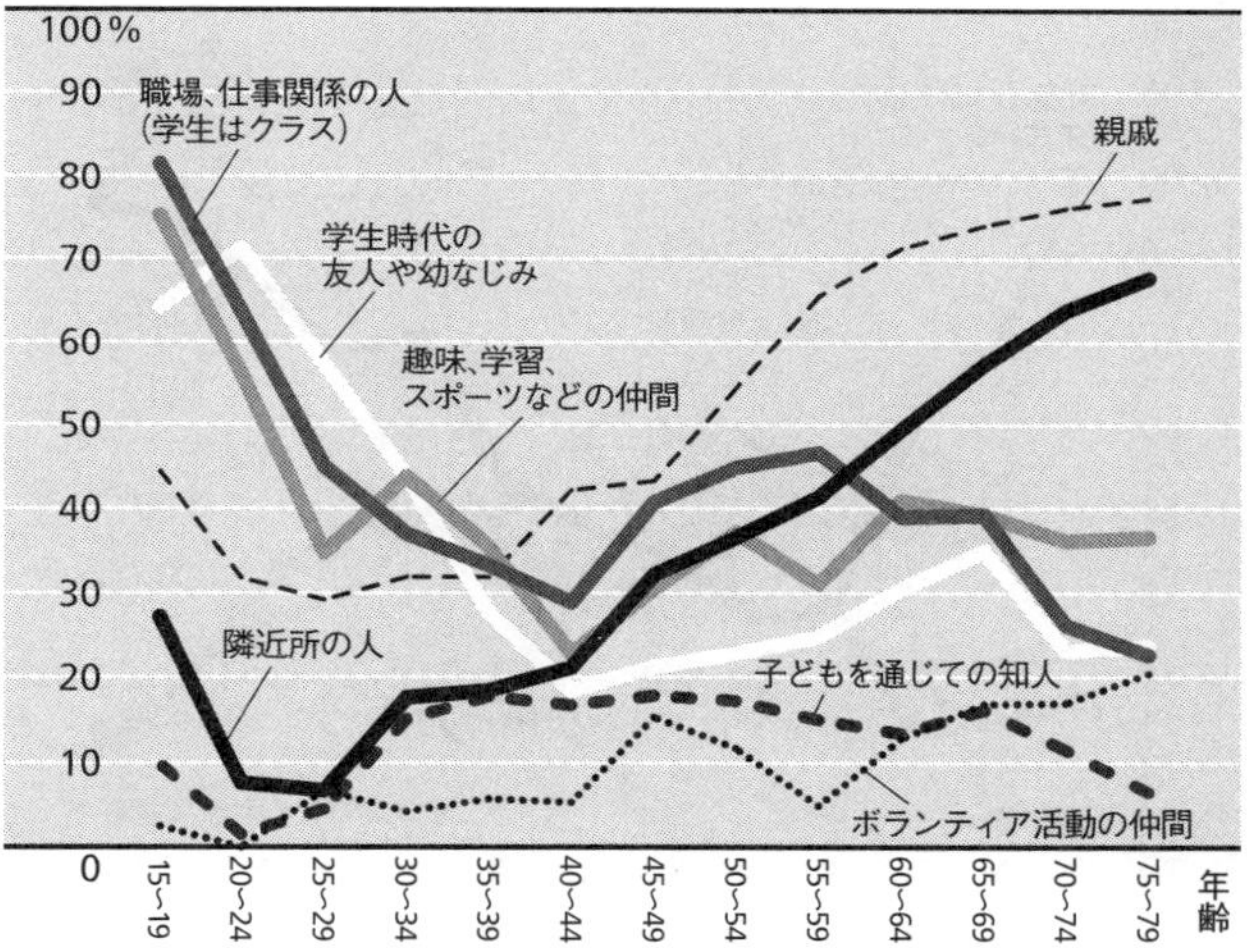


（出所）『平成18年度国民生活選好度調査』より筆者作成

六十～六十四歳で「職場、仕事関係の人との行き来」が減少し、「隣近所の人との行き来」を下回る。同時に「趣味、学習、スポーツなどの仲間との行き来」「学生時代の友人や幼なじみとの行き来」「ボランティア活動の仲間との行き来」が増え、職場から職場外へと社会関係資本の再構築が進行していくことがわかる。ただし、七十歳代になると「趣味、学習、スポーツなどの仲間との行き来」は頭打ちになり、「学生時代の友人や幼なじみとの行き来」も低下するが、「親戚との行き来」「隣近所の人との行き来」は引き続き増える。

一方、女性の場合は、「ボランティ

**図11◉家族以外の人とのつながり（女性）**

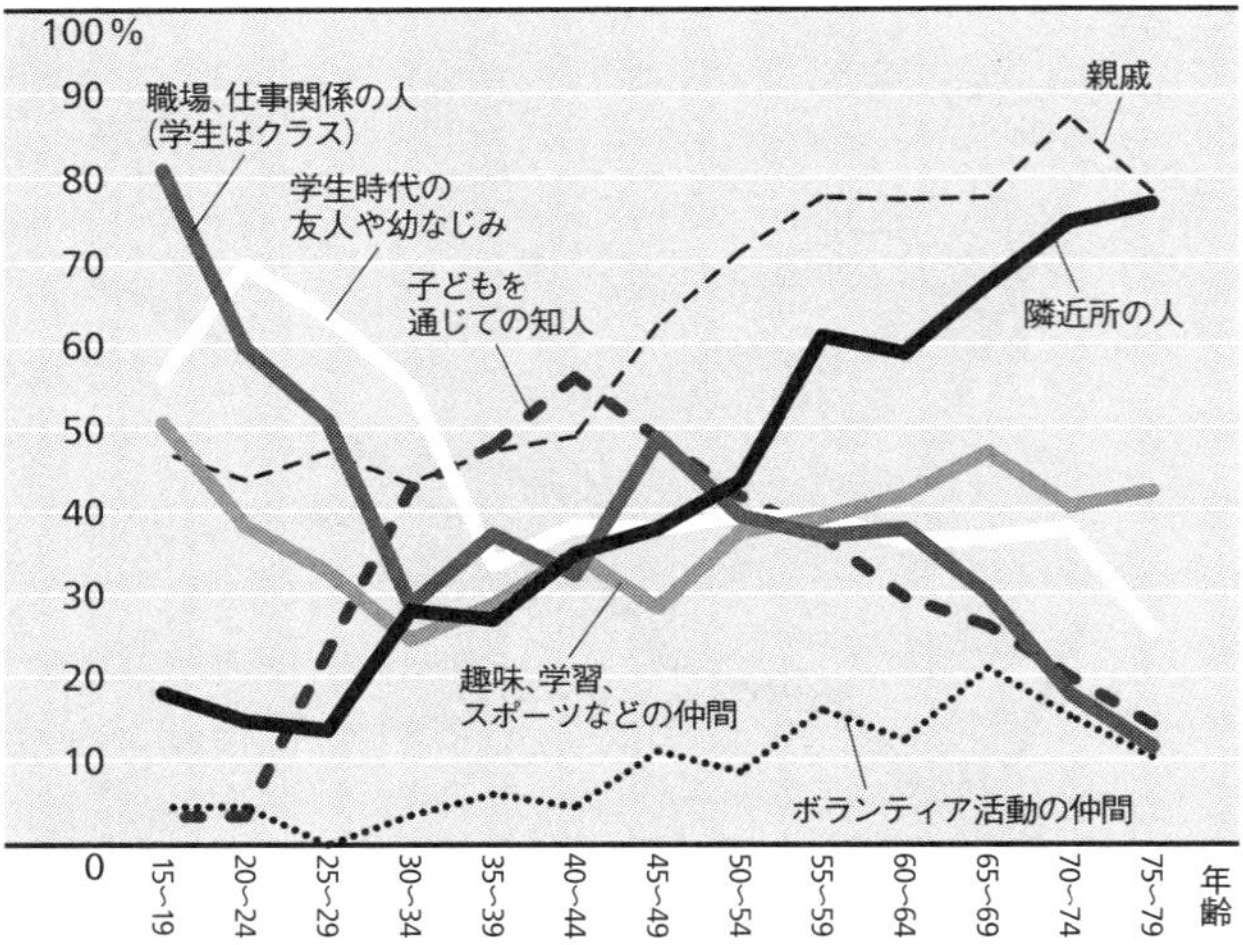


（出所）『平成18年度国民生活選好度調査』より筆者作成

ア活動の仲間との行き来」を除き、全般に人との行き来の水準が男性よりも高く、社会関係資本の内容が男性よりも多岐にわたっている。特に「子どもを通じての知人との行き来」が圧倒的に高い。「親戚との行き来」「隣近所の人との行き来」についても高い。「職場、仕事関係の人との行き来」（学生時のクラス仲間との行き来を除く）のピークが四十五〜四十九歳にあり、五十歳代に入ると行き来の頻度が低下し、つきあいの内容の変化が男性よりも一〇年早く生じている。要するに、社会参加・社会交流の観点から見た社会関係資本は男女差（性差）が大きい。

### 退職前後の変化

それでは、退職前と退職後の人づきあいは、具体的にどのように変化するのだろうか。

筆者は銀行OB会会員を対象に社会関係資本調査を実施した。対象機関は職員約一一〇〇名で、うち総合職と一般職の比率はほぼ半々であるが、OB会会員は大部分が勤続二〇年以上の総合職で、かつ大卒の男性である。女性会員は一般職で定年まで勤務した者が加入している。総合職職員の多くは、勤続二五年を超える四十歳代後半になると出向し、その後出向先に転籍していく。回答者の年齢構成は五十歳未満二％、五十歳代一五％、六十歳代三七％、七十歳以上四六％となっていて、回答者は男性九〇％、女性一〇％と大部分は高齢男性である。

「近所づきあい」「友人とのつきあい」「親戚・親類とのつきあい」については、現役・在職時と退職後の比較を尋ねている（図12）。「近所づきあい」では、「全くない」と「挨拶程度の最小限」の回答は退職後に減少し、「日常的に立ち話程度」は退職後に増加し、人数も「近所のかなり多くと交流」と「ある程度の人と交流」の回答は退職後に増加している。「近所づきあい」に関して、退職後に頻度と内容が密になったと感じている人が、数％ポイントではあるが増えていることがわかる。

ただし五十歳代男性の場合、「全くない」と「挨拶程度の最小限」との回答が退職後に増

●友人とのつきあい

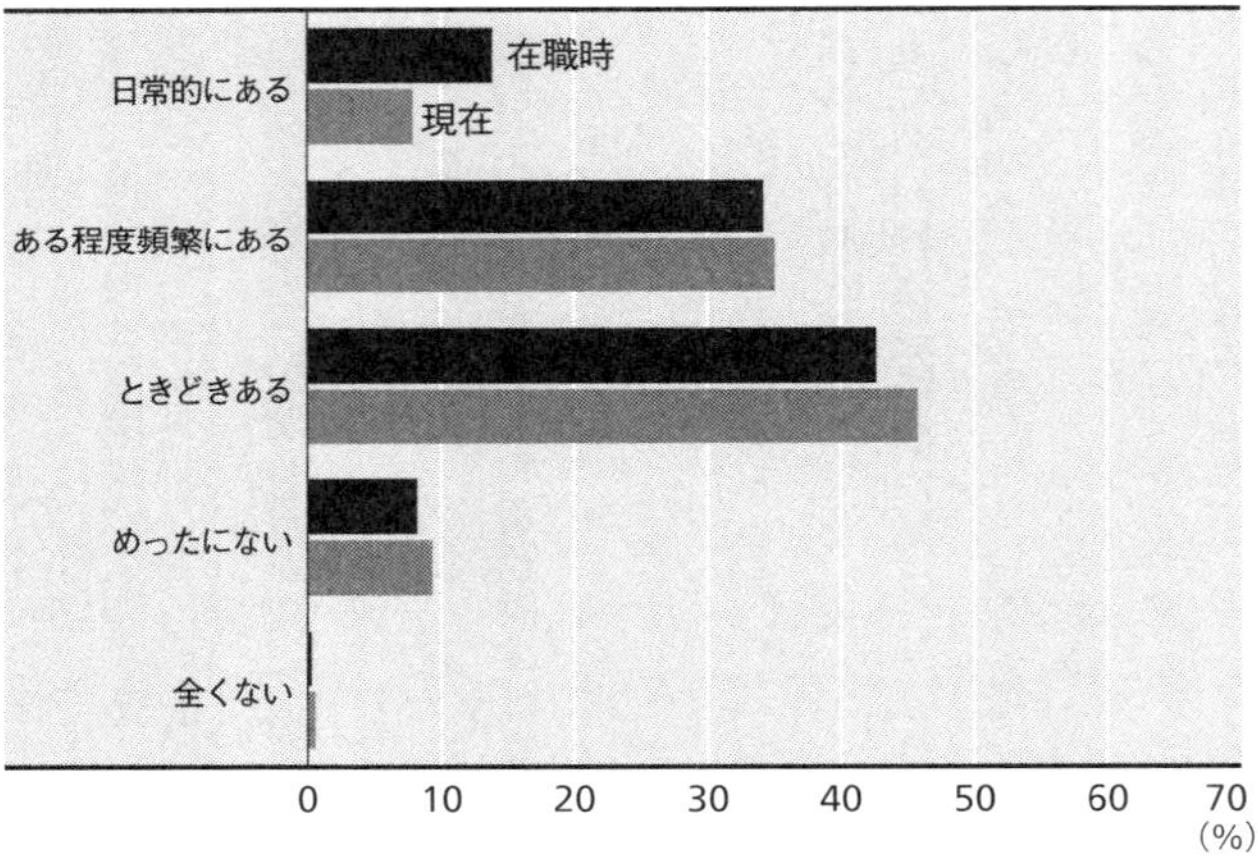


●親戚・親類とのつきあい

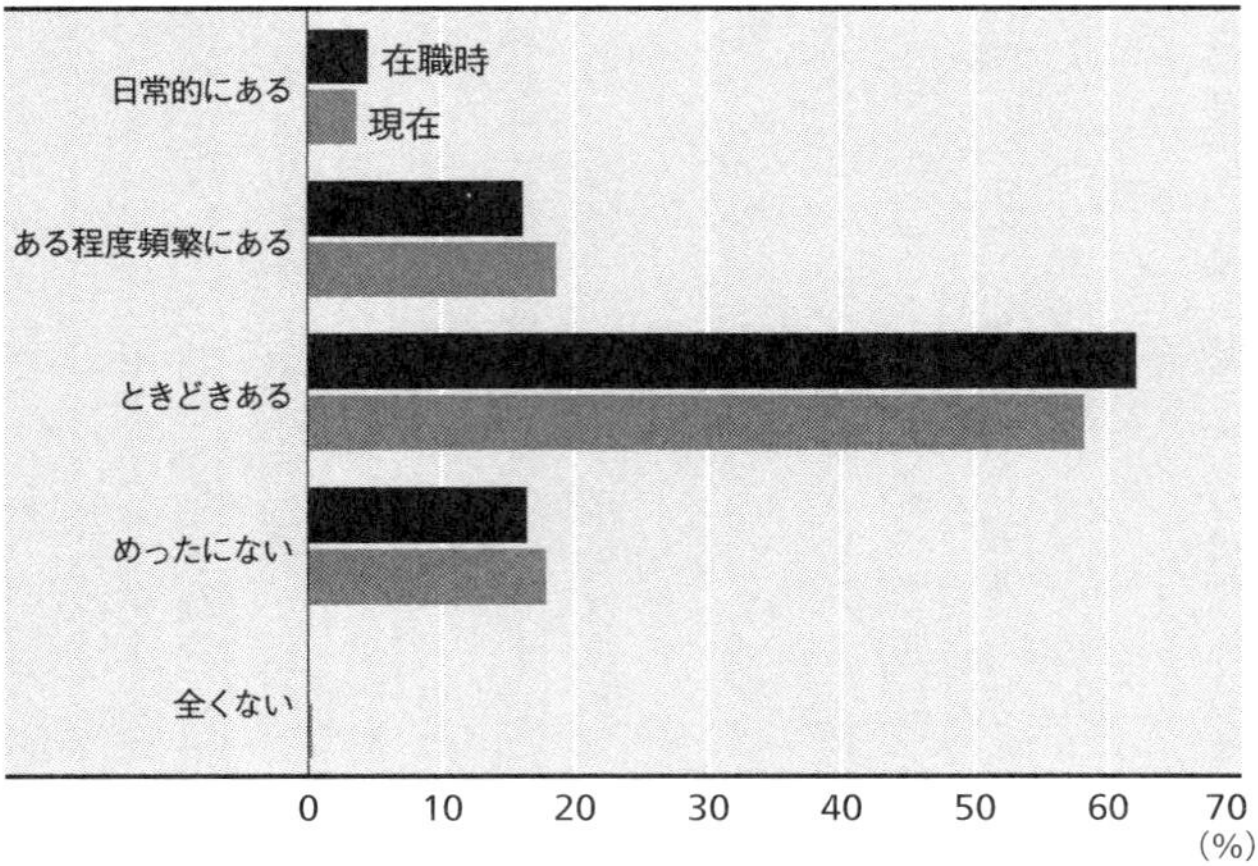


在職時：現在からみた在職時の評価

**図12◉退職前と現在の変化**

**●近所づきあい**

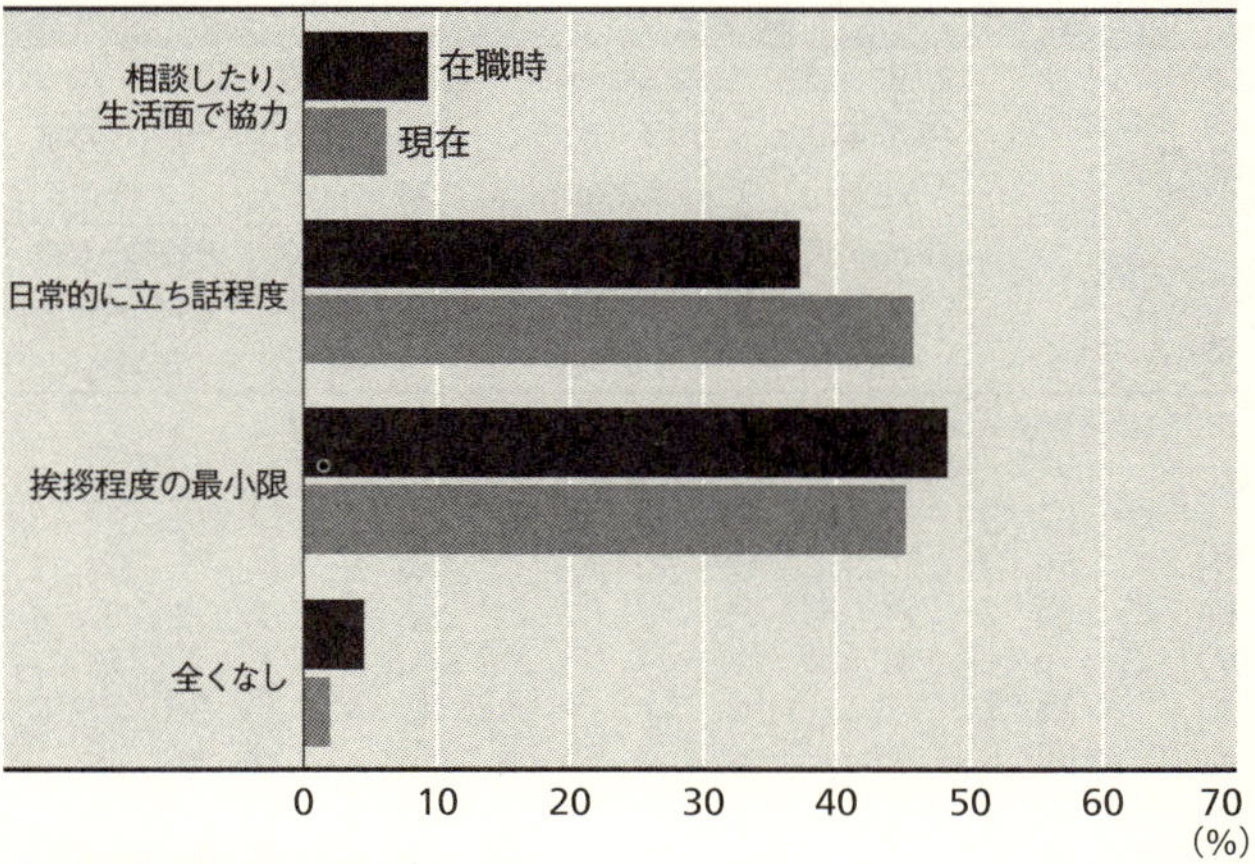


**●近所づきあいの人数**

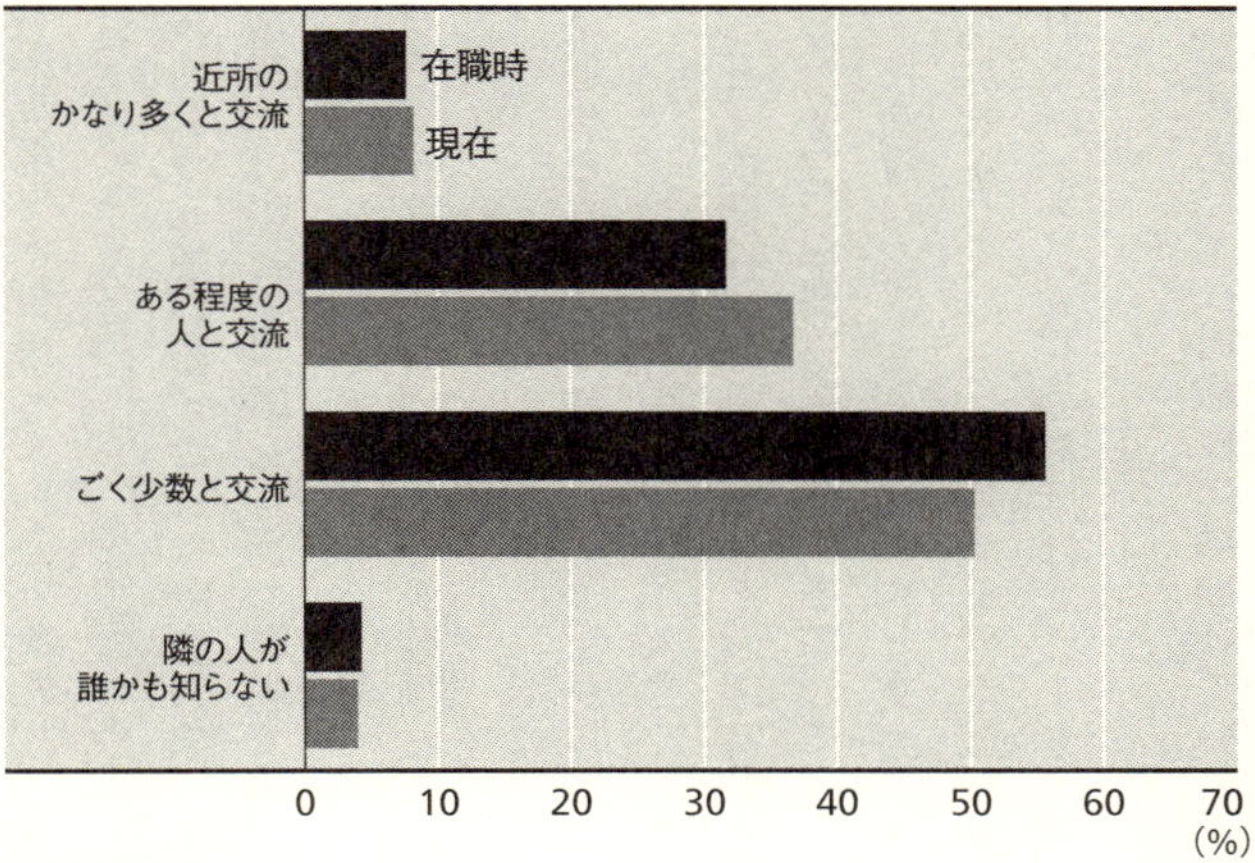


（出所）筆者作成

表3◉退職前と現在における「近所づきあいの人数」の変化

男性（%）N＝311

| | 50〜59歳 | 60〜64歳 | 65〜69歳 | 70歳以上 |
|---|---|---|---|---|
| 近所のかなり多くと交流＋ある程度の人と交流 | 退職前→現在 | 退職前→現在 | 退職前→現在 | 退職前→現在 |
| | 40.4→30.8 | 39.3→42.9 | 32.8→44.3 | 38.7→45.8 |
| | −9.6%pt. | ＋3.6%pt. | ＋11.5%pt. | ＋7.1%pt. |
| ごく少数と交流＋隣の人が誰かも知らない | 退職前→現在 | 退職前→現在 | 退職前→現在 | 退職前→現在 |
| | 57.8→67.3 | 60.7→55.4 | 67.2→54.1 | 60.6→54.2 |
| | ＋9.5%pt. | −5.3%pt. | −13.1%pt. | −6.4%pt. |

（出所）筆者作成

加し、「日常的に立ち話程度」が減少している。また、人数についても「近所のかなり多くと交流」と「ある程度の人と交流」との回答が退職後に減少している。これは調査対象の銀行OBは大部分が五十歳代には銀行を退職し、別の職場で第二の人生を始めることにも関連している。五十歳代の男性の場合、第二の人生の立ち上げで「近所づきあい」まで手が回らないという状況が見て取れる（表3）。

「近所づきあい」が増加するのは六十歳代に入ってからになる。また、「近所づきあい」については男女間の差が大きく、女性の場合は「全くない」と「挨拶程度の最小限」との回答が退職後に激減し、「日常的に立ち話程度」が大幅に増加して、人数も「近所のかなり多くと交流」と「ある程度の人と交流」との回答が比較的大きな増加を示している。男性でも六十歳以上では同様の傾向が見られるが、その変化の程度は女性よりも穏やかである。

男性の場合、「近所づきあい」は退職後に増加しているが、

「友人とのつきあい」では、「日常的にある」と「ある程度頻繁にある」との回答が退職後に減少し、「親戚・親類とのつきあい」にはほとんど変化がない。「友人とのつきあい」は年代によって違いがあり、五十歳代男性の場合、「日常的にある」が減少し、「ときどきある」が増加して、退職により友人との関係も希薄化しているように見える。「友人とのつきあい」が現役時代よりも「ある程度頻繁にある」と感じるようになるのは六十歳以降である。

「近所づきあい」同様、「友人とのつきあい」「親戚・親類とのつきあい」も男女間の差が大きい。女性の場合、「友人とのつきあい」「親戚・親類とのつきあい」の頻度の増加はそれぞれ現役時より退職後のほうが男性を上回っている。

以上は、「近所づきあい」「友人とのつきあい」「親戚・親類とのつきあい」について、現役時と退職時の主観的な変化を尋ねたものであるが、五十歳代の男性が第二の人生を始めるにあたり、社会関係資本の再構築を余儀なくされている姿が反映されている。また、女性は男性より社会関係資本の再構築を柔軟に行っている。男女を通じて、退職により「近所づきあい」が重みを増しており、退職による社会関係資本の再構築は「近所づきあい」が鍵となるが、これは圧倒的に女性のほうが適応力があるようだ。

なお調査項目間の相関を見ると、一般的信頼が低い人ほど退職すると隣近所とのつきあいが希薄になり、退職するとつきあっている人の数が減少する。一般的信頼が低い人は、年賀状の送付枚数で見た外部とのつきあいも少なく、友人・知人とのつきあいの頻度は在職時も退職時も少ないが、退職後のほうがより少なくなる。親戚・親類とのつきあいも退職すると頻度が少ない。自分自身の現在の生活に対する満足度が低く、自分自身の健康・身体の状況、老後の自分の世話、近隣での住環境、地域での非行や犯罪を心配している。また、日常生活や心配事への相談相手として家族・親類・友人・知人を頼りにしていない。

また、在職時に近所との日常的なつきあいが希薄な人ほど、退職後の近所とのつきあいがより希薄で、つきあっている人の数が在職時も退職後も少なく、在職時から友人・知人とのつきあいの頻度が少ない。日常生活や心配事への相談相手として、近所の人々・親類・ネット上の知人を頼りにしない傾向がある。

このほか、第一の職場である銀行への満足度が高い人ほど現在の近所との日常的なつきあいが頻繁で、年賀状の枚数も多い。自分自身の現在の生活に対する満足も高く、現在の年収や家計への心配が少なく、家族や親類を相談相手として頼りにしている。

こうした結果から見ると、一般的信頼の程度や、在職時からの社会参加・交流が高い人々は、退職後も社会参加・交流に積極的であり、心配事も少ない。また、第一の職場への満足度も同様な影響を及ぼしているように見える。つまり、当然予想されたことではあるが、退職後の社会関係資本の再構築も、退職前の社会関係資本が豊かな人ほどスムーズということになる。

## 退職後の社会とのつながりをどう確保するか

さて、『平成十八年度国民生活選好度調査』でも、前記の銀行OB会の調査でも、男女による違い（性差）が顕著であった。以下では、この性差をもう少し検討してみたい。

『平成十七年版高齢社会白書』で高齢者の社会参加活動を見ると、男性は女性よりも近所づきあいが希薄で、親しい友人を持たない者の比率が高い。近所の人たちとの交流については、内閣府が二〇〇三年に全国六十歳以上の高齢者を対象に実施した『高齢者の地域社会への参加に関する意識調査』によると、「親しくつきあっている」との回答は、女性五八％に対し男性は四五％にすぎない。親しい友人の有無については、本章のはじめで概観した『高齢者の生活と意識に関する国際比較調査』によると、「いない」との回答は、女性二一％に対して男性は二九％と高い。

このように男性は、近所づきあいが希薄で親しい友人も少ない傾向が見られる。しかし『高齢者の地域社会への参加に関する意識調査』によると、何らかのグループ活動に参加している者の比率は男性五八％で、女性の五三％よりも高い。内容を見ると、女性は趣味のグループへの参加率が高いのに対し、男性は健康・スポーツ（二九％）、地域行事（二五％）が高い。その他では、生活環境改善（男性一二％、女性七％）、生産・就業（男性九％、女性四％）、安全管理（男性八％、女性三％）などのグループ活動で、男性の参加率が女性よりも高い。つまり、男性の場合は、健康・スポーツを別にすれば、社会貢献など社会とのつながりがある分野での参加を好む傾向がある。

内閣府の『高齢者の住宅と生活環境に関する意識調査』によると、まちづくり活動について「すでに参加している」「参加・貢献したい」との回答は、男性五二％、女性三八％と圧倒的に男性のほうが積極的ということだ。まちづくりという社会的な意義が明確なものについては、男性のほうが積極的ということだ。木原によれば、女性はお茶飲み話を楽しむために集まることができるが、男性は何か目的がないと集まらないという。つまり、男性の社会参加には大義名分が必要だということだろう。

また、社会とのつながりという意味では、就業することが最も有効だろう。『平成二十年版高齢社会白書』の「高年齢者就業実態調査」に、高齢者の就業状況がまとめられている。これによると、六十五〜六十九歳の高齢者では、女性は五三％が就業を希望していないのに対し、男性の約七〇％は就業しているか、または就業を希望している。

このように、男性の場合は社会参加・社会貢献の機会を求めていることがうかがわれるが、それは必ずしも実現していない。前記の調査によれば、六十歳代後半の男性の七割が就業しているか、就業を希望しているが、実際に就業しているのはそのうちの三分の二であり、三分の一（全体の二二％）は就業を希望しているが現実には仕事がないということであった。

また、男性は就業、非就業を問わず一般に孤立しやすい。大妻女子大学の石田光規《いしだみつのり》は、日本版総合的社会調査のデータを分析し、「重要なことを話したり、悩みを相談する人がいない人」を孤立しているとみなし、こうした孤立している人の特性を分析している。この分析によれば、九％が孤立、つまり「重要なことを話したり、悩みを相談する人がいない人」としており、男性、高齢、離死別経験者、町村居住、無職、高等教育なし、健康悪の人に孤立傾向が見られるという。男性で高齢であるということは、それだけで孤立の可能性が高いことになる。石田の研究では、孤立を「重要なことを話したり、悩みを相談する人がいない人」と定義しているので、孤立者イコール単身世帯ではない。事実、孤立者の大部分は単身世帯ではない。言い換えれば、現在問題となっている独居老人はほとんど含まれていない。実際には高齢者の一人暮らしが増えているので、現実の物理的な孤立はここで示されている数字よりも、さらに高いものになると推測される。

多くの人は中高年期に、既存の社会関係資本がなくなり、その再構築が必要になる。データから見ると、人とのつながりの形態である既存のネットワークの縮小とその再構築は、女性では五十歳代、男性では六十歳代に生じている。そして再構築後のネットワークについては、家族・親戚と隣近所とのつながりが大きなウエイトを占めている。しかし、退職者でも五十歳代で第二の人生を踏み出す人々は、再就職に伴う職場の社会関係資本の再構築のために隣近所とのつながりまで手が回らない。また、六十歳代は学生時代の友人・幼なじみ、趣味・学習・スポーツ仲間とのつながり、ボランティア活動などにおける社会関係資本が重要であるが、これらのつながりは七十歳代に入ると弱まり、近所づきあい、親戚づきあいが中心となる。また、社会関係資本の組み替えについては女性のほうが柔軟で多岐にわたっている。国際比較で見ると、日本の高齢者は友人への依存度が相対的に低い。

いずれにせよ、社会関係資本の再構築の過程で、近所づきあいと地縁的なつながりを生かして、かつ新たに構築した社会関係資本を減耗させないように、いかに生活に組み込んでいくかが課題である。大阪大学の藤田綾子《ふじたあやこ》によると、都市におけるサラリーマンOBは既存の仕事縁を維持したがる傾向があり、こうした変化への対応は苦手のように見える。特に男性は孤立しやすいので、柔軟で多様な社会関係資本を持ち、しかも再構築にも長けた女性や個人をいわば触媒として、高齢化時代における社会関係資本の再構築を退職前の五十歳代からはかることが求められている。

# 第7章　社会関係資本を壊す
## ——経済格差をめぐる議論とその現状

これまでの章で見てきたように、社会関係資本は私たちが生きるうえで大変重要だ。しかし、他の資本に比べて人と人との関係性で成り立っているため、築くには時間がかかるが、壊すのは簡単だ。なぜ壊れるのか、何によって壊れるのか、本章ではその最大の要因について検討していきたい。

社会関係資本を壊すものとして、第4章でパットナムの議論を紹介した。パットナムは社会関係資本がアメリカで毀損した要因として、テレビの影響、都市のスプロール化、時間と金銭面でのプレッシャーを挙げている。しかし、これは筆者からすればややものたりない議論だ。なぜなら、以下に見るように社会関係資本の論者のほとんどが、社会関係資本を毀損させる要因として経済格差の拡大を挙げており、パットナム自身も両者の相関を指摘しているからだ。そこで本章では、社会関係資本の毀損要因として経済格差を取り上げるが、その前に格差をめぐる基本的な議論とデータについて概説しよう。

## 格差をめぐる議論の整理

格差問題は現代社会の基盤を揺るがす大問題である。特にアメリカでは、一九九〇年代の中盤に大きな議論を呼んだが、九〇年代後半以降は貧困層の所得水準がわずかながらではあるが上昇に転じたこともあり、一時下火になっていた。

しかし、二〇〇五年にハリケーン「カトリーナ」がニューオリンズの貧困層を直撃したことや、貧困層への無謀な貸し込みが生んだ二〇〇八年のサブプライムローン問題、二〇〇八年の大統領選もあり、格差問題・貧困問題に対する政策が喫緊の課題となっている。アメリカのPBS（公共放送機構）も二〇〇八年春、「Unnatural Causes: Is inequality making us sick?」（不自然な死因——不平等が人々を病気にする?）と題する特集番組を実に七回、合計四時間にわたり放映している。これは経済格差がもたらす問題を、主に健康への影響の観点からまとめたものだ。

このほか、経済が回復基調にあった二〇〇〇年代前半でも *Nickel and Dimed*（『ニッケル・アンド・ダイムド——アメリカ下流社会の現実』曽田和子訳、二〇〇一年）、*The Two-Income Trap: Why middle-class mothers & fathers are going broke?*（共稼ぎの罠——なぜ、中流家庭が破産するのか?』、二〇〇三年)、*The Working Poor*(『ワーキング・プア――アメリカの下層社会』村岡孝二他訳、二〇〇四年)など、格差問題・貧困問題に関連する地味な本がベストセラーとなった。

アメリカだけでなく日本の現状を見ても、一般市民から見れば、経済格差は確実に拡大しつつあり、我々の日常生活における不満を増幅させているように思える。だが、格差問題の専門家の議論は必ずしも庶民感覚に沿ったものではない。以下では、専門家の議論をまとめたうえで、それぞれに検討を加えていきたい。

### 経済専門家の議論(その一)　格差は拡大していない

図13は、常用フルタイム労働者の税引き前給与所得についてボトム一〇%に対する上位一一~二〇%層の倍率を示している。わかりやすくいうと、一〇〇人の労働者を所得順に並べたときの上位一一~二〇番目の労働者の平均所得が九一~一〇〇番目の平均の何倍になるかを示したもので、所得の開きが一目でわかる。斜線から上にあれば、この一〇年間で格差が拡大したことになるが、斜線の下にあれば格差が縮小したことになる。図13によれば、ほとんどの国が斜線より上にあり、格差は拡大した。日本は斜線より下にあるので、格差は拡大しなかったということになる。しかし、後で述べるように、日本では、この表に出てこない

**図13◉税引き前給与所得の不平等**

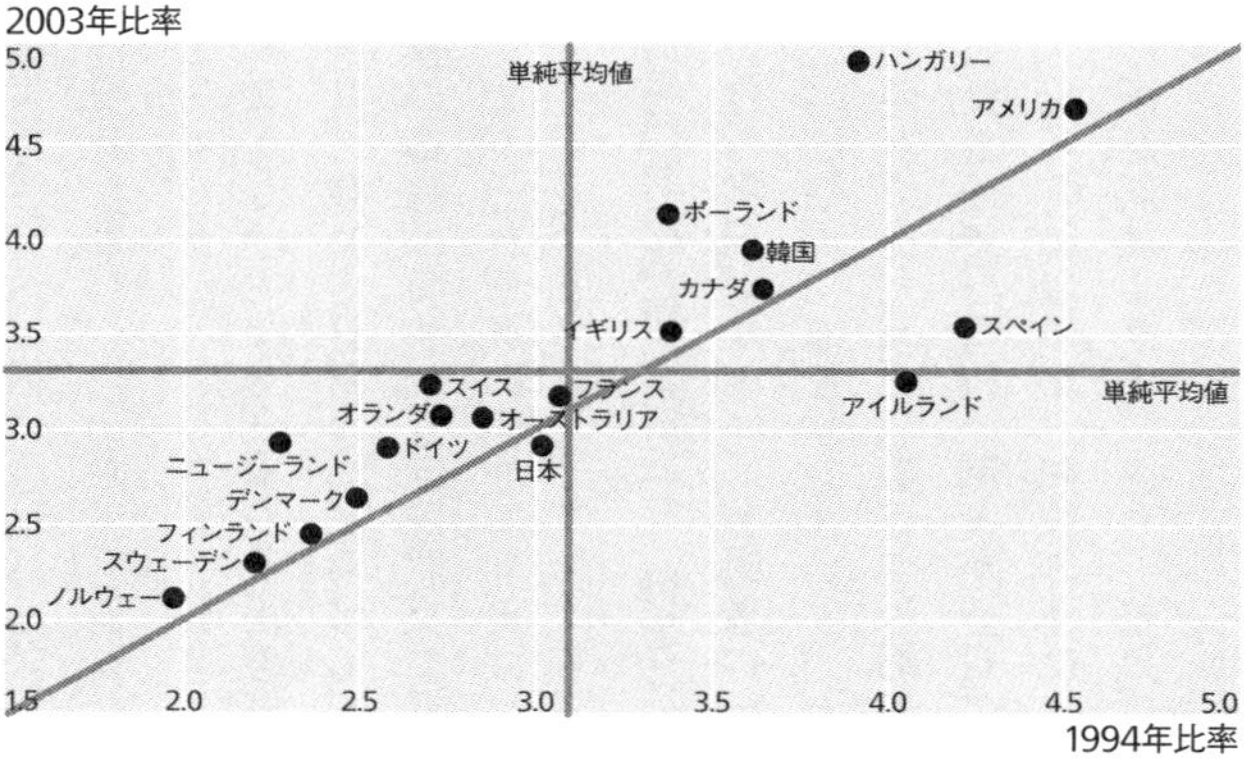


資料出所：OECD, *Employment Outlook 2006*.

注1　常用フルタイム労働者の第1十分位所得に対する第9十分位所得の比率により算出

注2　オランダは1994年、1999年数値、ハンガリー、アイルランドは1994年、2000年数値、フランス、ドイツ、韓国、ポーランドは1994年、2002年数値、スペインは1995年、2002年数値、デンマークは1996年、2003年数値、ノルウェーは1997年、2002年数値、カナダは1997年、2003年数値

（出所）樋口美雄「二極化する労働市場」『経済セミナー』2008年9月号

非正規雇用者の存在によって格差が拡大しているので、この表はまさに日本の格差問題の特徴を象徴している。

**経済専門家の議論（その二）　格差拡大は数字上の話にすぎない**

格差は核家族化や単身世帯の増加を反映したもので、格差の拡大は数字上の話にすぎないという主張がよくある。二世代が同居していて、親が年収八〇〇万円、子が年収四〇〇万円の場合、世帯の年収合計が一二〇〇万円となるが、この世帯が親世帯と子世帯に分かれた場合は、四〇〇万円の格差が

生まれることになる。実態は何も変わらないのに、数字上の格差拡大と主張される。統計上の格差拡大は見かけ上にすぎないという。

また、最近の日本の格差拡大は、人口の高齢化によるものだから、これまた実態は何も変わっていないという主張もある。一般に同世代の中での格差は、年齢階層が上がるにつれて拡大するから、実際には何も変わっていないのに、高齢化の結果、全体から見ると格差が拡大したように見えるのだという主張である。

### 経済専門家の議論（その三）　格差はそもそも問題ではない

格差は拡大していない、拡大していたとしても数字上の問題だ、という議論のほかに、そもそも格差は問題ではないという議論がある。この流れには大きくいって三つの論調がある。

第一の考えは、経済学の本質的な議論に基づくものである。そもそも、伝統的なミクロ経済学では、賃金は限界労働生産性、つまり人々の能力の反映であり、労働時間は消費と余暇の選択、つまり人々の好みによるとされている。所得は、金利や配当・家賃収入などを除けば、賃金と労働時間をかけあわせたものだから、所得格差の大部分は人々の能力と好みの違いを反映したものにすぎない。したがって、格差があるのは当たり前という話だ。

第二の考えは、第一の考えの延長線上にあるものだが、もし、市場が十分に機能せず、同じ好みと能力の人々の間に格差が生じていても、これはむしろ市場参加者に有用なシグナル（情報）を提供しており、長期的には労働市場で人々がよりよい条件を求めて移動するため、こうした不合理な格差は解消に向かうはずだという考えである。

第三の考えは、格差は人々の競争心を駆り立て、経済活力の源泉であるというもので、格差の是正は、真面目《まじめ》に働く者の犠牲のうえに怠け者を利する悪平等を招くという考えだ。

**経済専門家の議論（その四）　効率と公平のトレードオフ**

経済学者の多くは、効率と公平の間にはトレードオフがあると信じている。つまり所得格差を解消しようとすると、経済成長率が低下するという。これは、所得の公平化は、税を通して富裕層から貧困層への所得再分配を伴うが、この過程で富裕層のやる気が殺《そ》がれて、経済全体から見た効率は落ちるという仮説が背景にある。

**経済専門家の議論（その五）　結果の平等より機会の平等が重要**

公平の問題を論じるとき、しばしば専門家は結果の平等より機会の平等が重要だという。大事なことは個人間の所得を平準化することではなく、平等に機会を与えることであり、それを利用できるかできないかは個人の才覚次第であり、その結果の不平等は致し方ないという。

**経済専門家の議論（その六）　個人の効用は格差に鈍感になっているので格差拡大は問題ない**

人々の効用の最大化をはかるという観点からは、人々が格差の存在をどのように感じるかが問題になる。格差の存在が人々の満足度を大幅に減じるようなら、所得の再分配策などを講じたほうが、世の中全体の人々の満足度を増すことができるかもしれない。しかし、人々が格差に鈍感になれば、そうした施策を講じても世の中全体で見た人々の満足度が増すとは限らない。この観点から、何人かの専門家は人々の効用と格差との関連について実証研究をしており、実際、人々は格差の存在に鈍感になっているとしている。

**経済専門家の議論（その七）　人々の相対的な格差が問題としても、それを再分配策で解決することはできない**

この議論の要旨は自分の所得を誰と比べて多いと考えるか少ないと考えるかは、人それぞれであるというものである。

比較対照グループが人によって異なるために、格差を解消しようと思うと非常にゆがんだ再分配政策が必要になる。たとえばAさんは年収五〇〇万円で、Aさんの比較対照グループの平均年収が一〇〇〇万円という場合と、Bさんは年収四五〇万円で、比較対照グループの平均年収が三〇〇万円という場合を比較し、Aさんのほうが Bさんより効用水準が低いとしよう。このとき、BさんからAさんへの所得再分配を正当化するのは困難である。(1)

### 経済専門家の議論の批判的検討

このようなさまざまな経済学者の議論にもかかわらず、実際には格差は拡大している。見かけ上の拡大でもなく、多くの問題を惹起《じゃっき》している。以下にひとつずつ検証していこう。

日本では、格差は拡大していないという図13を紹介したが、これを鵜呑《うの》みにすることはできない。むしろ、この図13こそ、日本の格差問題の特徴を表しているのだ。富裕層の一人勝ちであるアメリカ・イギリスなどと異なり、日本の格差問題は、貧困層の一人負けで生じている。バブル崩壊以降、土地や株式などの資産価格が停滞したこともあり、所得で見る限り富裕層が大幅に一人勝ちすることはなかった。日本では、主に低所得の若者を中心に格差が拡大していったのだ。図13は常用フルタイム労働者を扱ったものだが、そもそも常用雇用されない人々が若者を中心に大幅に増えている。図13の対象に含まれない非正規雇用の労働者やニートが増え、彼らの所得が低下していることが問題なのだ。

格差の拡大は高齢化や核家族化によるもので、実態は何も変わっていないという議論も紹介した。こうした議論は主に伝統的な経済学の立場からなされているが、社会的な視野に欠け、大変ミスリーディングである。現代の問題は、これまでの伝統的な家族が核家族化していることではなく、家族が欠落した単身世帯化しつつあることであり、単身世帯が貧困層を形成していることだ。単身世帯化は高齢者と若者の両方で生じている。彼らの多くは別に好きこのんで単身世帯となったわけではない。単身世帯化も確かに究極の核家族化ではあろうが、これをもって格差の実態は何も変わっていないということはできない。実態は確実に変わっている。

また、統計上の格差拡大は人口の高齢化によるものであり、問題ないという議論もあまりに近視眼的だ。高齢者間の格差は、相続を通じて確実に次世代に受け継がれる。今は高齢者間の格差かもしれないが、明日には若年層間の格差に容易に変異する。相続を通じた不平等が確実に次世代に継承されるのだが、機会の平等が保証されれば、結果の平等は問題ではないとする論者は、この現実にどう答えるのだろうか。世代間の富の移転を考えれば、機会の平等はあり得ない。結果の平等は機会の平等の最善の代理変数ではないのか。

格差の存在は認めるが、それは大した問題ではないし、むしろ格差は経済活力の源泉であるという説は、そもそも市場経済についてあまりにも楽観的な見方に基づいている。完全競争が貫徹していると思われる金融・資本市場でさえ、利ざやを取る裁定のチャンスが無数にあることから見て、市場は必ずしも効率的ではない。むしろ市場が失敗するからこそ、市場に介入することを公に許された中央銀行を設立している。ましてや、「人材」という移動が制限されている財を対象とする労働市場が完全に効率的であるはずがない。つまり、市場での賃金は人々の能力を正確に反映することもないし、労働時間が人々の好みを正確に反映することもない。したがって、格差が市場に正しいシグナルを送り、不合理な格差が解消されると考えるのはあまりにも楽観的すぎる。

格差は経済の活力の源泉であるという考えは、歴史的な事実に反している。これについては、経済発展の当初は不平等が増すが、その後、経済発展とともにより平等な所得分布が実現するとするクズネッツの逆U字カーブ仮説がある。しかし、そんな仮説を持ち出すまでもなく、農業にしても工業にしても、経済活動の発展の基本はチームワークであり、個人プレイではない。付加価値は協力して創造するものであり、一人で実現できるものではなく、ましてや、他人から奪い取るものではない。実際、マクロ経済で見ても、第二次大戦後の一九六〇年代までの欧米、七〇年代までの日本、八〇年代までのアジアのＮＩＥｓ（新興工業経済地域）の経済成長は基本的に経済的平等化を伴ったものであった。

経済効率と公平のトレードオフが存在していると固く信じている専門家たちに対しては、同志社大学の橘木俊詔《たちばなきとしあき》の反論がある。すでに述べたように、所得分配を平準化すると、どうしても高賃金を得ている労働者の労働意欲を殺いでしまう面がある（労働供給の価格弾力性が高い）が、橘木によればそれは欧米のことで、日本の労働者は賃金水準にかかわらず働きかつ貯蓄する性向が強く、したがって欧米のような、効率と公平のトレードオフは存在しないとしている。

以上、格差に関する経済の専門家の議論を批判的に検証してきたが、「人々が格差の存在に鈍感になっているから多少の格差は問題ではない」という議論と「人々の効用が他人との相対的な所得水準に左右され、個々人が比較対象の基準とする所得が違う世界では所得再分配策は問題の解決につながらない」という議論への反論は、経済学の範疇《はんちゅう》にとどまっている限り一見正当にみえる。

しかし後者の議論は、効用を個々人が消費できる額で見ているのに、突然個人の効用が他人の効用に全面的に支配される状況を仮定して議論しはじめること自体が大変奇異である。さらに、社会全体の標準的な所得水準がある社会では、個々人が比較対象とする所得水準が一定の水準に収束してくるし、現実に所得税制がひとつの基準指標を提供するという反論もできよう。つまり、個々人の比較対象とする所得水準は決してバラバラではない、という議論である。

しかし、最も有効な反論は、市場を通じた議論に基づく反論ではなく、格差拡大に伴って生じる外部不経済があまりにも大きいというものだ。特に、格差拡大は外部性を伴った社会の信頼・規範・ネットワークである社会関係資本を壊すから望ましくないという議論である。具体的には、「格差の拡大」が「信頼・規範・ネットワークである社会関係資本」を壊し、それが人々の「健康水準」や「教育」に、さらには民主主義へも悪影響を及ぼすというものであり、筆者はこの立場を取っている。

## データで見る格差の現状

ここまで経済学から見た格差をめぐる議論を紹介してきたが、経済学者の間では、格差は問題ではないという論者が多い。次に、経済学者と異なる立場を取る論者が多い、社会関係資本研究者からの観点を紹介するが、ここでは、まず本題に入る前に、日本における格差の現状を具体的なデータで確認したい。

格差の指標としては、ジニ係数がしばしば用いられる。完全平等だとゼロ、完全不平等だと一となる指標だ。日本の経済格差は所得に関しては、厚生労働省が実施している所得再分配調査、国民生活基礎調査、総務省が実施している全国消費実態調査でジニ係数が発表され

図14◉各種統計による所得格差ジニ係数の推移

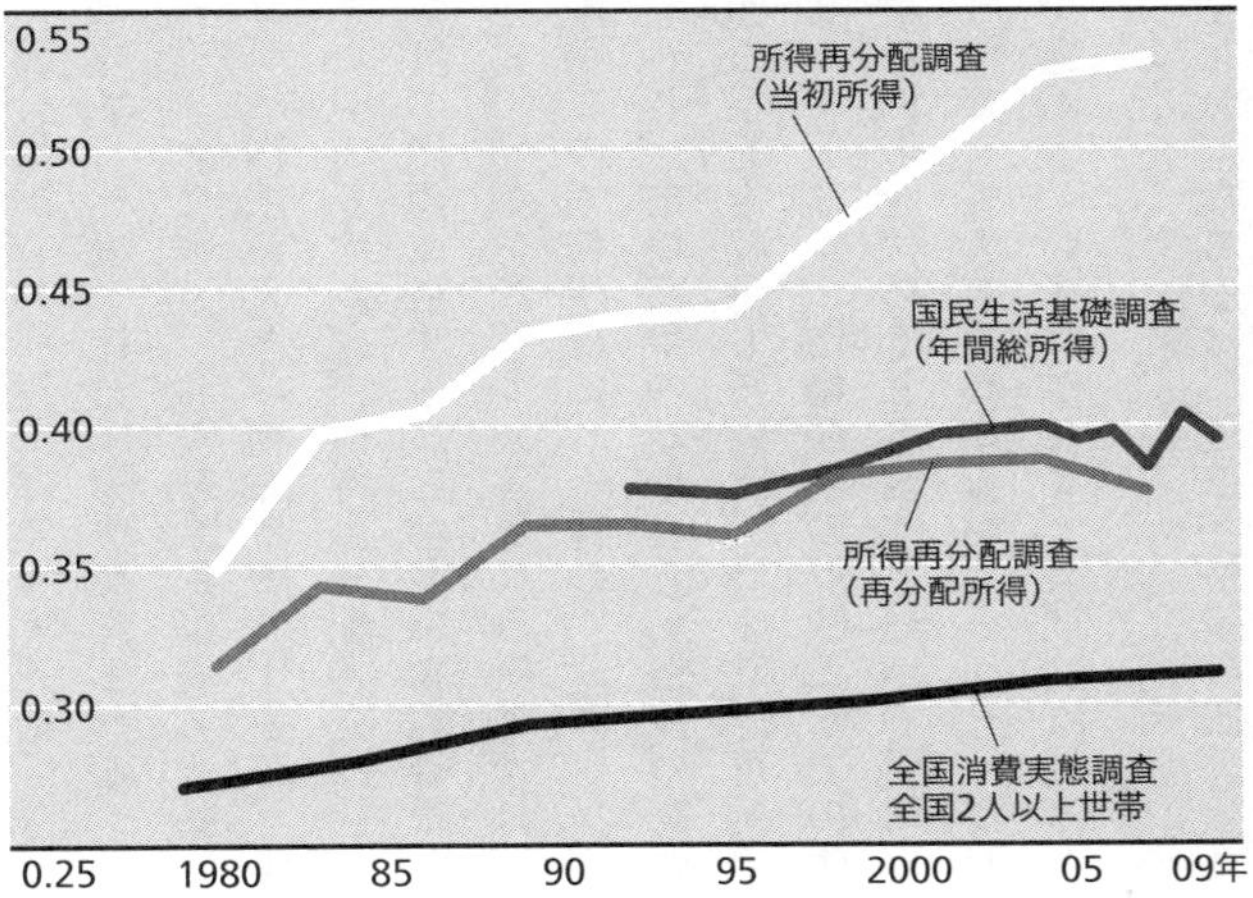


(出所)厚生労働省「所得再分配調査」、「国民生活基礎調査」、総務省『全国消費実態調査』より筆者作成

ている。また全国消費実態調査では、所得以外に耐久消費財保有額、貯蓄現在高、土地・家屋保有額などの資産についてのジニ係数も発表している。

図14に示されるように、所得再分配調査では劇的に所得格差が拡大しているが、国民生活基礎調査と全国消費実態調査では、近年大幅に悪化しているわけではない。ただし、国民生活基礎調査でも全国消費実態調査でも、長期的に見ると、徐々にではあるが拡大傾向が見て取れる。

これらの調査の結果が異なるのは、所得の定義や調査対象が異なるからだ。所得再分配調査と国民生活基礎調査では単身世帯が含まれているのに対し、全国消費実態調査には含まれていない。また、所得再分配調査の所得には年金・恩給、医療給付などは含まれないが、退職金が含まれるし、逆に支払った税や社会保障費も含まれる。一方、全国消費実態調査では、所得に公的年金などが含まれており、税や社会保障費の支払いは含まれていない。また、所得再分配調査のサンプルは格差が大きい高齢者層の比率が、他の調査よりも高いことも指摘されている。意地の悪い見方をすれば、所得再分配調査は社会保障制度の効果を大きく見せるために、それらの制度の恩恵に浴することが多い高齢者層の比重をことさらに高くしているとも取れる。要するに、可処分所得を見るという意味では、全国消費実態調査のほうが適しており、所得再分配調査の当初所得は、一種のフィクションである。

しかし、市場競争の結果として格差の実態を見るうえでは、所得再分配調査の当初所得は貴重な情報を提供している。つまり、可処分所得で見る限り、所得格差は緩やかな拡大にとどまっているが、市場競争の反映としての所得は大幅に格差が拡大していて、特に高齢者層や単身世帯を含めると事態はきわめて深刻であるということではないだろうか。ジニ係数は調査によって大きく異なるが、それぞれの調査の特性をとらえて総合的に判断することが重要であろう。いずれにせよ、長期的に見ると格差が拡大していることは、どの調査でも共通している。

また気になるのは、さほど格差が拡大したわけではない全国消費実態調査で見ても、若年

## 図15◉「全国消費実態調査」の所得分布

**❶2人以上世帯**

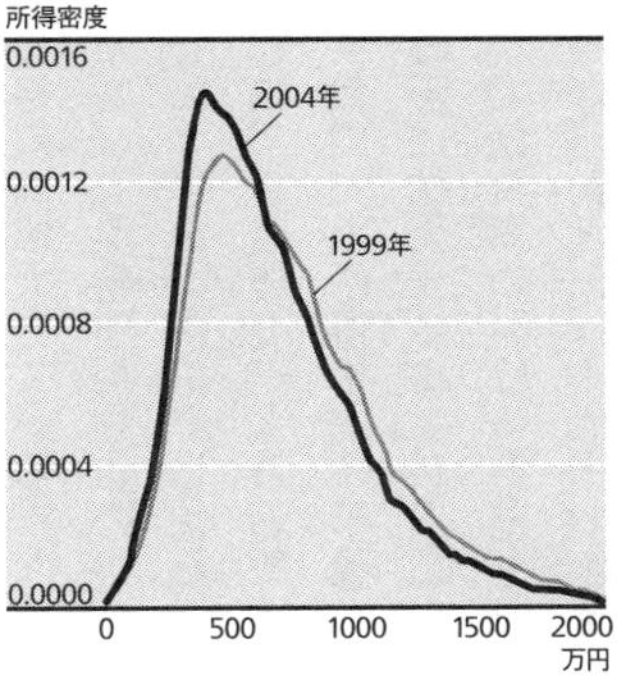


**❷単身世帯**

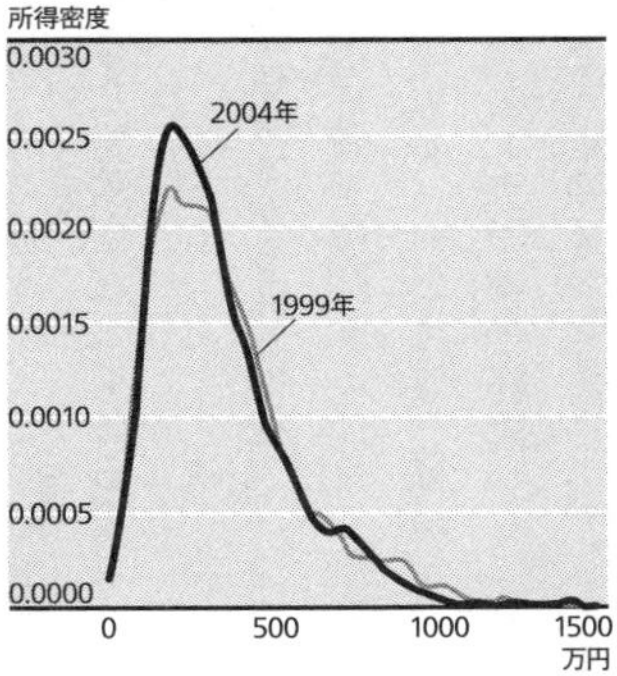


**❸総世帯**

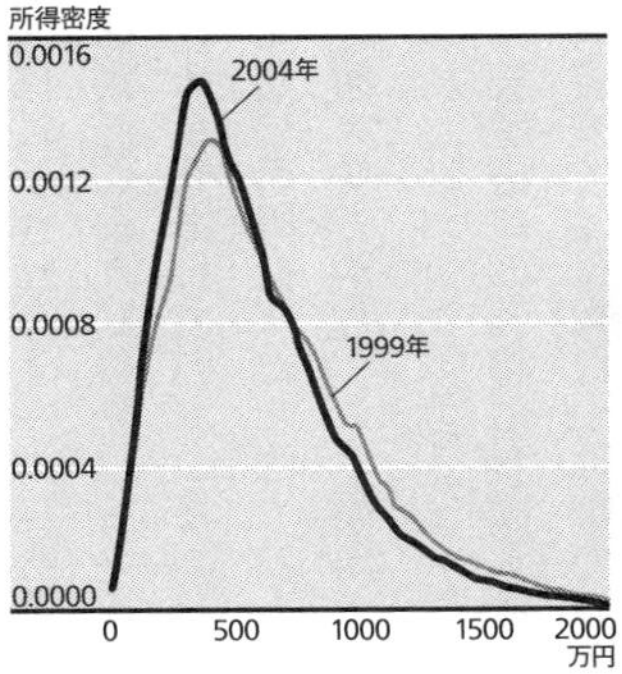


(出所) 内閣府『平成18年版経済財政白書』

(備考)
1　総務省『全国消費実態調査』を特別集計し推計した
2　各区分の平均値、中央値は以下の通り。ただし、中央値については内閣府(経済財政分析担当)による試算値

**❶2人以上世帯**(万円)

| | 平均値 | 中央値 |
|---|---|---|
| 1999年 | 759 | 660 |
| 2004年 | 692 | 591 |

**❷単身世帯**(万円)

| | 平均値 | 中央値 |
|---|---|---|
| 1999年 | 363 | 280 |
| 2004年 | 337 | 257 |

**❸総世帯**(万円)

| | 平均値 | 中央値 |
|---|---|---|
| 1999年 | 649 | 550 |
| 2004年 | 589 | 496 |

層の間の格差が拡大していることだ。加えて図15に示されるように、所得の中位額が近年大幅に低下し、しかも所得分布のパターンが全体に低いほうに移動している。所得格差は穏やかな拡大にすぎないのかもしれないが、所得自体が低下していることになる。つまり日本の格差問題は、富裕層の一人勝ちではなく、若年層の所得低下に起因することがうかがえる。通常、世代内での所得格差は年齢を重ねるほど拡大するから、この傾向が続けば日本の所得格差は確実に拡大することが予想される。

ここまでは所得における格差を見てきたが、資産格差は所得における格差よりもすでに格段に大きい。たとえば平成十六年全国消費実態調査では二人以上世帯の年間収入のジニ係数は〇・三〇八であるが、貯蓄現在高では〇・五五六、住宅・宅地資産額では〇・五七三と、より大きな格差となっている。

### 社会関係資本から見た格差

社会関係資本に関する多くの研究者が、社会関係資本と経済的不平等との関係の重要性を強調している。たとえば、経済学では世界銀行を中心に活動していたナックとキーファー、クレアモント大学神経経済学（ニューロエコノミクス）センターのザック、政治学ではメリーランド大学のアスレイナーやハーヴァード大学のパットナム、社会学ではデューク大学のリン、社会疫学ではハーヴァード大学のカワチやサセックス大学のウィルキンソンらの研究がある。

ナックとキーファーは、世界価値調査から入手できる二九の市場経済国のデータに基づき、所得不平等を示すジニ係数が、低い信頼と低調な市民協力とに相関していることを見出し、所得不平等が信頼の低下を招くとしている。また、ナックとザックは、不平等な賃金分布が取引費用を増大させるという仮定に基づき、取引費用の変化を通じて、不平等が社会関係資本に影響する可能性がある経路を示している。

政治学者のアスレイナーも同様に、経済的不平等が信頼に影響を与えるとしている。彼は、経済的な平等が一般的信頼を作り出すとし、アメリカにおける時系列データに基づいて「ジニ係数の変化のみで一般的信頼の低下の三分の二を説明でき」、「経済的不平等の水準が一般的信頼を左右する基本的な要因である」としている。また、一般的信頼と所得分布との関係についてクロスカントリーデータ（国別データによる国際比較）での実証を行い、経済的不平等が一般的信頼を低下させる、という結論を得ている。

社会疫学の観点からは、カワチやウィルキンソンが、経済的不平等が社会関係資本の毀損を招き、さらにそれが人々の健康へ悪影響を及ぼすとしている。カワチらは、所得の平等を実現するために必要な、平均所得以上の世帯から平均以下の所得の世帯への所得移転額の比率で見たロビンフッド指数を作成し、これが社会全般への不信感や死亡率と同じ動きを示す傾向があることを見出している。彼らによれば、所得格差は社会の信頼を損ない、それがさらに人々の健康にも悪影響を及ぼすという。

このように多くの論者が、経済的平等が社会関係資本を醸成し、不平等がそれを毀損するとしている。経済学者の主流が格差の拡大に無関心であるのと対照的に、社会関係資本学者の通説は、経済格差が拡大すると、社会関係資本が毀損される可能性が高く、その観点から格差は問題であると論じている。

## 格差は社会関係資本にどのように影響するのか

それでは、格差は社会関係資本へ具体的にどのような経路を経て影響を及ぼすのであろうか。まず、イギリスの社会疫学者であるウィルキンソンの論点を紹介したい。

不平等な場所であるほど、より対決的な社会関係が顕著となるため、殺人や凶暴な犯罪の増加、信頼やコミュニティ活動への参加の一層の低下、人種主義の拡大に煩わせられる結果となる。(中略)不平等は、社会関係を最も愛情に満ちたものから、より争いが多いものへシフトさせる。その結果、利用可能なデータから知り得るものを前提とすれば、より不平等な社会における人々は、見知らぬ人に対してより不親切で年下の労働者にあまり配慮せず、学校や家庭では争いごとが増え、恵まれない人々に対する偏見も増える。(2)

不平等が増すにつれ、我々は相互扶助の協調的な形を好む戦略から、力と侵略に基づいた競争主体の戦略に移行する。幸福が個人の物質的な成功度に、より依存し、我々の社会関係力への依存が減るにつれて、人々は互いへの信頼を失い、社会やコミュニティの活動に参加しないようになり、侵略行為が日常的になる。(3)

ウィルキンソンによれば、経済的な不平等は社会の構成員の間の力関係を明確にし、富裕層と貧困層との間の社会的距離を増大させ、対決的な社会関係を生み、両者の協調行動を困難にさせる。「富裕層は価値のある、成功した、重要な人々と見なされ、貧困層はほとんど意味をなさない不適切な失敗例と見られる」。生活水準の違いが、人々の間の共通のアイデンティティを損ない、人々の間の優越感と劣等感という概念を助長させ、さらにヒエラルキーや権威主義的な価値観を生む。地位争い、自己利益や物質的成功の強調、個人的な利得のための攻撃的な搾取や、他人の幸福への配慮の欠如といった状況が増える。そしてこれらすべては、人々の社会関係の質を劣化させ、社会関係資本の協調的な側面をことごとく否定し、信頼という社会関係資本の基本を毀損させるという。劣等という汚名を拒否する人々による暴力の増加、それに伴うコミュニティの崩壊、加えて人々の健康へのストレスを増やすことになる。

アスレイナーもウィルキンソン同様、なぜ不平等が一般的信頼を損なうかについて、第一に協調的行動に対するインセンティブの欠如を挙げている。

信頼は不平等な世界では育たない。(不平等な世界では)トップの人々は下の人々を信じる理由はないであろうし、自分達の意思を持たざる者たちに強制することもできる。そして、底辺にいる人々は公平な取り扱いを受けると信じる理由はほとんどない。金持ちと貧乏人とは同じ価値観を共有すると信じる理由はほとんどないし、その他の動機についても同様である。(4)

彼はさらに、格差拡大が人々の将来に対する楽観的期待を損ない、それが一般的な信頼を損なうと指摘している。不平等が高まると、ハードワークによって人生を切り拓《ひら》こうという倫理が損なわれる。また、子どもたちの世代が自分たちを経済的に上回ることは期待できないと思い、長期的な人間関係を粗略にする。その結果、人々は他人を信頼しなくなるかもしれないという議論である。アスレイナーはその根拠として、ジニ係数と人々の人生を切り拓こうとする意識や子どもたちの将来に関する意識との間に、比較的強い逆相関があることを指摘している。さらに議論を進めて、彼は『不平等の罠《わな》——腐敗・不平等と法の支配』という著書で、不平等が信頼の毀損を通じて腐敗を生む、それがまた不平等を拡大させるという「不平等の罠」の存在を指摘している。つまり、不平等の存在は、市井の市民に、社会システムが彼らの前に立ちはだかっていると感じさせ、人々の間に依存感と将来への悲観を生み、それが隣人を正直に扱おうとするモラルを失わせ、社会における公正の鍵となる制度である司法を歪《ゆが》め、腐敗を生む。特に、不平等が存在すると、自分たちの仲間内だけを信頼する特定化信頼だけが育ち、自分たちのグループ外の人々は信頼しなくなり、社会全般に対する一般的信頼が壊れる。それどころか、グループ外の人々を騙《だま》すことにさえ道徳的痛痒《つうよう》を感じなくなる。そして、さらに腐敗がまた不平等を拡大させる。

富の著しい不均衡があると、その両極端にいる人々は互いに共通するものはほとんどないと感じるかもしれない。甚だしく不平等な社会では、人は同類とくっついて離れないだろう。不公正だと認識すると他のグループに対して負の固定観念を持つようになる。

そうなると信頼も適合もより難しくなってくる。（中略）不平等があると見知らぬ人への信頼が低くなる。信頼があるとすれば同じグループ内だけに限られているので、違ったバックグラウンドを持つ人々を欺いたりさせないための道徳的な拘束力などほとんどないのである。このように不平等は、間接的に腐敗を育むことになる。人を内に向かわせ、外においても、内においても、他人につけ込んだりしないようにさせる拘束力の低下によって。信頼と腐敗はつながっている。(5)

腐敗は、他の人にはない好都合をある人々に与えてしまう。腐敗は民衆からエリート層へと、つまり大抵貧乏人から金持ちへと富を移してしまう。そのことによって、公共支出が減ることになり、結果的に民衆に余分な税金をかけることになってしまう。腐敗した政府は政策に費やす財源が減るので、公務員の給料を下げることになる。今度は、これらの下級職員が国庫から財源をだまし取るというような羽目になりそうである。腐敗した社会では政府職員がこのように、公衆に奉仕するよりも自分たちのポケットを潤すために多くの時間を費やすだろう。(6)

格差拡大が社会関係資本を毀損するもう一つの経路は、社会関係資本自体が偏在していることによる。ジョン・フィールドは、社会関係資本の不平等に与える影響について、「異なったタイプのネットワークに対するアクセスはきわめて不平等に賦存しているから、社会関係資本は、不平等を助長しうる。誰もが自分のコネクションを自分自身の利益のために使うことができるが、ある種の人々のコネクションは他の人々のものより、より価値がある」と述べている。加えて、社会関係資本は他人の犠牲のうえに、地位や権益といった資源に近づく手段として利用しうるとしている。言い換えれば、社会関係資本をより豊富に持っている階層に有利なゼロサムゲームに終わってしまう可能性がある。さらに悪いことに、権力を持っているグループが、他のより弱いグループの社会関係資本を制限したり、阻害したりすることもできると指摘している。

こうして、もともと不平等に賦存していた社会関係資本がさらに不平等を助長し、それが社会関係資本の偏在を一層拡大させるという悪循環をもたらす。さらに、社会関係資本の賦存量の格差と経済格差があいまって、グループや個人間の情報の非対称性が拡大する可能性があることを示唆している。グループや個人間の情報の非対称性が拡大すると、取引における監査の必要性が高まり、より多額の取引費用を要することになる。

社会学におけるネットワーク分析の精緻《せいち》化に貢献したナン・リンも、社会関係資本自体の資源量が階層間で異なり、上位の階層ほど多くの社会関係資本を保有していることを指摘している。彼によれば、①個人が置かれているヒエラルキー構造（上位の階層ほど価値ある資源が少数の個人に集中する）、②ネットワークの中の位置、③人々の間の相互行為の目的の三つが、個人の持つ社会関係資本を規定するという。ヒエラルキー構造はそのレベルが高くなるほど価値ある資源が少数の個人に集中する。ネットワークはその背景にそれに属する他の人々の経済的なものを含めた資源を運んでくるから、個人が享受できる資源も、彼のネットワークの中の位置に影響される。

また、個人間の相互行為は資源や生活が似た者同士、ヒエラルキーでいえば同じ階層かせいぜい隣接する階層で行われる。つまり、特定の個人がアクセスできる社会関係資本は、①人的資本（学歴、経験）、②初期の地位（親の地位や、本人の以前の地位）、③本人の社会的紐帯に影響され、これが本人の地位に影響を及ぼすとしている。

以上の因果関係の具体的な経路をまとめると、

(1)平等な社会のほうが、構成員が同じ価値観を持ち、協調的に働きやすい。
(2)不平等は所得階層間の社会的距離を拡大させる。
(3)不平等は貧困層の自尊心を傷つけ、富裕層との協調行動を難しくさせる。
(4)富裕層は貧困層と接触する積極的理由はないので、貧困層の接触先は同じ層に限られ、貧困層の社会的接触先の質、つまり、彼らの社会関係資本の質はますます悪化する。

(5)経済的不平等は情報の非対称性を拡大させ、異なるネットワークで情報量の差を拡大させる。

(6)経済的不平等は信頼を壊し、取引費用を増大させる。

(7)過度の不平等は将来に対する人々の期待を失わせ、協調的行動を阻害する。

こうした経路を経て、経済的不平等は社会関係資本を毀損する。

### 日本における実証研究

ここまでは、欧米における社会関係資本と経済格差との関係についての実証研究と、規範的な研究による具体的な因果関係を検討してきたが、いずれの論考も経済格差が社会関係資本に影響を与えるとしている。そこで、日本でも欧米のような関係が見出されるか否かについて以下で実証してみたい。

本項では、内閣府が二〇〇三年と二〇〇五年に公表したソーシャル・キャピタル調査および内閣府調査と同じ設問を用いている日本総研二〇〇七年調査のデータから都道府県別のソーシャル・キャピタル指数を作成し、それらの指数と、平成十六年全国消費実態調査における都道府県別ジニ係数との相関を見てみることにする。ジニ係数は、二人以上世帯の年間収入、貯蓄現在高、住宅・宅地資産額、耐久消費財資産額が公表されている。社会関係資本については、内閣府二〇〇三年調査は都道府県別データを公表しているが、二〇〇五年調査は公表されていないため、内閣府から都道府県別データの提供を受けた。二〇〇七年調査につ

| | ジニ土地 | | ジニ耐久消費財 | |
|---|---|---|---|---|
| | 相関係数 | 有意確率（両側） | 相関係数 | 有意確率（両側） |
| | 0.117 | 0.435 | −0.016 | 0.915 |
| | −0.235 | 0.111 | −0.363** | 0.012 |
| | −0.265 | 0.072 | −0.416** | 0.004 |
| | −0.451** | 0.001 | −0.447** | 0.002 |
| | 0.141 | 0.344 | −0.101 | 0.499 |
| | −0.115 | 0.443 | −0.142 | 0.340 |
| | −0.064 | 0.670 | −0.145 | 0.329 |
| | −0.507** | 0.000 | −0.542** | 0.000 |
| | −0.479** | 0.001 | −0.485** | 0.001 |
| | −0.439** | 0.002 | −0.572** | 0.000 |
| | −0.369* | 0.011 | −0.340* | 0.019 |
| | −0.258 | 0.079 | −0.395** | 0.006 |

**表４◉経済格差とソーシャル・キャピタル：**
**都道府県別データに基づく相関係数と有意確率**
**（内閣府調査＋日本総研調査）**

| | ジニ所得 | | ジニ貯蓄 | |
|---|---|---|---|---|
| | 相関係数 | 有意確率（両側） | 相関係数 | 有意確率（両側） |
| 一般的な信頼 | −0.015 | 0.922 | 0.023 | 0.879 |
| 交流指数 | −0.208 | 0.162 | −0.391** | 0.007 |
| 近所づきあいの程度 | −0.170 | 0.253 | −0.461** | 0.001 |
| 近所づきあいのある人数 | −0.347* | 0.017 | −0.489** | 0.000 |
| 友人・知人との職場外でのつきあいの頻度 | −0.106 | 0.480 | 0.148 | 0.322 |
| 親戚とのつきあいの頻度 | 0.028 | 0.854 | −0.128 | 0.390 |
| スポーツ・趣味・娯楽活動への参加状況 | −0.117 | 0.432 | 0.133 | 0.449 |
| 参加指数 | −0.369* | 0.011 | −0.468** | 0.001 |
| 地縁的な活動への参加状況 | −0.304* | 0.038 | −0.443** | 0.002 |
| ボランティア・NPO・市民活動への参加状況 | −0.451** | 0.001 | −0.565** | 0.000 |
| 2001年人口一人あたり共同募金額 | −0.191 | 0.199 | −0.213 | 0.150 |
| 統合指数 | −0.252 | 0.088 | −0.360* | 0.013 |

N＝9878
ピアソンの相関係数：**1％水準（両側）で有意，*5％水準（両側）で有意
内閣府（2003）、（2005）および㈱日本総研（2008）からデータ提供を得て筆者が作成
ジニ係数はいずれも平成16年全国消費実態調査報告による２人以上全世帯
（出所）筆者作成

いては日本総研から都道府県別データの提供を受け、三調査を統合したデータセットを作成した。サンプル数は九八七八であるが、うち八〇〇〇がインターネットを通じたウェブ調査によるものである。したがって、サンプルの採集方法にはバイアスがある。また、島根県・鳥取県はそれぞれサンプル数が三一にすぎない。また、都道府県が分析の単位であることは、単位としては広すぎるという批判もあり得よう。そして何よりも、こうした集計値による分析は、個人間のデータの動きを相殺してしまい本当の姿と違った結果を示す、生態学的誤謬を招く可能性もある。したがって、結果の分析にあたっては当然慎重でなければならない。

しかし、表4に示すように、この分析からは一般的に以下のような関係が見られる。

(1)所得・資産格差拡大と社会参加とは逆相関が見られる。つまり、格差が少ない都道府県ほど、社会参加が活発である。社会参加という形での社会関係資本の醸成は、所得・資産格差の少ない地域でより容易である、という仮説が成り立つ。

(2)所得・資産格差拡大は社会関係資本指数の構成要因である近所づきあいの頻度とは逆相関がある。所得・資産格差が少ない都道府県ほど、近所づきあいが活発である。社会交流を通じた社会関係資本は資産格差の少ない地域でより醸成することが容易であるという仮説が成り立つ。

(3)信頼と所得・資産格差との相関は、社会参加や交流よりも低い。前項で紹介した、アスレイナーをはじめとする欧米の実証研究では、一般的な信頼とジニ係数との相関が高いが、本調査では低い。

このほか、二〇〇三年と二〇〇五年調査には友人・知人への信頼についての設問があり、この設問と貯蓄現在高、宅地・住宅資産額における格差の拡大と友人・知人への信頼には正の相関がある。つまり、格差が大きいほど、友人・知人への信頼は厚い。これは、資産格差が拡大すると、自分たちと同じような階層の人々とのつきあいはより緊密になり、その結果、友人・知人への信頼はかえって厚くなると解することもできよう。

表5は二〇〇七年調査で所得階層別の回答状況を見たものだが、所得階層が高いほど、近所づきあいは厚くなり、ボランティア・NPO・市民活動への参加率も高く、旅先での信頼も含めた一般的信頼も高い。こうした傾向は、格差の拡大が社会関係資本の低下と対応するという表4の結果と矛盾するように見えるが、年間所得二〇〇万円以上四〇〇万円未満の層は、地縁的活動・NPOなどの活動から見た社会参加と、友人・知人との職場外でのつきあい、親戚とのつきあい、スポーツ・趣味・娯楽活動への参加率で見た社会的交流が高く、この所得階層が地域における社会関係資本の醸成と大きく関わっていることが推察される。

| スポーツ・趣味・娯楽活動への参加状況 | 一般的な信頼 | 旅先での信頼 | 地縁的な活動への参加状況 | ボランティア・NPO・市民活動への参加状況 |
|---|---|---|---|---|
| 参加している | ほとんどの人は信頼できる | ほとんどの人は信頼できる | 参加している | 参加している |
| 30.2 | 9.4 | 7.2 | 15.1 | 5.8 |
| 32.9 | 10.5 | 9.8 | 27.6 | 9.8 |
| 32.0 | 10.1 | 7.6 | 18.4 | 6.8 |
| 36.3 | 10.4 | 8.2 | 27.3 | 10.9 |
| 43.5 | 10.3 | 9.2 | 25.4 | 11.8 |

実証研究の解釈については慎重でなければならない。しかしこれらの結果は、基本的に格差の拡大が社会関係資本の毀損を招くとする欧米の先行研究と整合性が取れている。因果関係についての断定はできないが、格差の拡大が社会関係資本を毀損し、人々の健康や社会の安定、企業の経済活動に悪影響を及ぼすという仮説が日本でも成立する可能性は十分にある。少なくとも、格差は経済成長の源泉であり、社会経済的に望ましいとする議論が、いかに粗雑なものであるかは実証されているのだ。

## 社会関係資本を壊す仕組み

社会関係資本は、歴史的・文化的な社会変化の中で、長年にわたって培われる。個人的なネットワークも絆として機能するには時間がかか

**表5◉2007年日本総研調査　所得階層別回答状況**

| 設問 | 近所づきあいの程度 | 近所づきあいのある人数 | 友人・知人との職場外でのつきあいの頻度 | 親戚とのつきあいの頻度 |
|---|---|---|---|---|
| 回答率（%）／所得 | 生活面で協力＋日常的に立ち話をする程度 | かなり多くの人と面識・交流がある＋ある程度の人との面識・交流がある | 日常的にある＋ある程度頻繁にある | 日常的にある＋ある程度頻繁にある |
| 200万円未満 | 33.1 | 28.1 | 33.8 | 20.1 |
| 200万円以上～400万円未満 | 41.0 | 39.7 | 44.0 | 22.2 |
| 400万円以上～600万円未満 | 41.8 | 42.0 | 36.7 | 20.8 |
| 600万円以上～800万円未満 | 46.1 | 50.7 | 39.8 | 23.6 |
| 800万円以上 | 45.2 | 51.5 | 42.7 | 22.4 |

（出所）㈱日本総合研究所よりデータの提供を受け筆者作成

るし、社会全般に対する信頼や「お互い様」という規範も、家庭環境や教育などによって形成され、一朝一夕にはできあがらない。しかし、それを壊すことは思いのほか簡単だ。今回扱った格差のほかにも、少子高齢化や、二〇〇八年のリーマンショック以来問題になっている派遣切りなどの雇用形態の変化なども社会関係資本を壊す。現代の社会には社会関係資本を壊す仕組みがビルトインされているとさえいえるかもしれない。

# 第8章　社会関係資本のダークサイド

## 村八分を生む社会関係資本

筆者は社会関係資本が持つ協調的な行動を促進する側面を高く評価しており、そうした実例を本書で紹介してきた。しかし第1章でも触れた通り、問題点、つまり社会関係資本のダークサイドもあることを紹介しておこう。

我々も日常生活の中でときどき、職場の同僚やクラスの友人などとの関係をうっとうしく感じることがあるだろう。携帯世代の若者たちの姿を活写した原田《はらだ》曜平《ようへい》の『近頃の若者はなぜダメなのか――携帯世代と「新村社会」』という本には、「村八分にならないためのルール」という章が設けられている。「愛想笑いを絶やしてはいけない」「弱っている村人を励まさなくてはいけない」「一体感を演出しなくてはいけない」「会話を途切らせてはいけない」「共通話題をつくりださないといけない」「「正しいこと」より「空気」に従わなくてはいけない」「コンプレックスを隠さなくてはいけない」「「だよね会話」をしなくてはいけない」「恋人と別れてはいけない」など、「新村社会」の掟《おきて》が列挙されている。掟に従わない場合は村八分になるのだが、携帯の世代の村八分はネット上で晒《さら》し者にされるのでスケールが違う。またネット上で晒されるのだから転校などしても意味がない。しかも普通の世界のような上下関係がないので、無秩序かつ親まで参加し、一層深刻な事態を招く。

若者の携帯社会での関係や職場での人間関係は社会関係資本そのものだが、ストレスも生む。友人や職場の人間関係に悩み、うつなどの心の病にかかる人も多い。実際、多くの識者が、社会関係資本が常に好ましい影響を持つとは限らないことを指摘している。

## 反社会的ネットワーク

社会関係資本には、人や組織間のネットワークが含まれるが、そのネットワークが問題になる場合もある。メンバー間では協調的な外部性を持っていたとしても、社会から見ればそれが好ましい外部性とは限らない。一番わかりやすい例は、マフィアや暴力団などの反社会的勢力のメンバー間のネットワークである。これはメンバー間でいくら協調的であっても、社会から見れば悪事を働いて生計を立てる組織なので、社会全体から見れば外部不経済が著しいものである。

## 市場に内部化すると外部不経済が生じるケース

問題は、ごく普通のネットワークで、「互いの親睦《しんぼく》をはかる」といった健全な外部経済を持つものでも、場合によってはトラブルを起こしてしまうことだ。たとえば業界団体による談合や賄賂がこれにあたる。つまり、通常は健全なネットワークで外部経済を持つものであっても、それを誰かが談合や賄賂などを使って自己利益のために市場に内部化しようとすると、かえって社会的には外部不経済が生まれてしまう。特に、腐敗行為に関連したケースでは、そのネットワーク自体が負の外部性を持つものとは異なり、そもそものネットワーク自体は市民と官僚といったような、通常のつきあいであることが多い。

また、ネットワークとしての社会関係資本ではないが、腐敗行為は信頼という社会関係資本を壊す。医師や弁護士などの専門職がからむ腐敗は、第二章で述べた社会関係資本の定義とその外部性の五つの特徴の中の、二つ目「市場に内部化しないほうが価値がある」（二九頁参照）という点とも関連している。

医師や弁護士は、基本的に信認義務（fiduciary duty）を伴う。信認義務とは採算を度外視してでも患者や依頼人の利益のために最善を尽くす義務があるということだが、医師や弁護士などの専門職や公務員の業務には、利他的な行動が多く含まれている。医師は、死にそうになっている救急患者を目の前にしたとき、いちいち採算計算をしてから診療にあたるわけではない。患者も、医師が最善を尽くしてくれることを信じて身を委《ゆだ》ねる。冷静に時間をかけて契約書を取り交わして医療行為を行うわけではない。弁護士も利益が出ない事案でも対応することがあるし、公務員も震災などの災害時には自宅が罹災《りさい》していても出勤する。このとき彼らは手当て欲しさに働くわけではないだろう。それどころか、生命の危険さえ顧みずに出勤する場合もある。実際、東日本大震災では多くの公務員が殉職した。こうした利他的行動には、明らかに外部経済がある。しかし、医師や教師に付け届けをする、公務員に賄賂を贈るなどの社会的腐敗は、この外部経済を自己利益のために誘導する行為であり、いわば個人のための闇《やみ》市場へ外部経済を内部化しようとするものだが、それは専門職が持つ信認義務、それに伴う利他性を根本から覆してしまう。つまり、こうした専門職への信頼を失わせることになりかねない。腐敗行為の過程で、外部経済を個人の利益のため内部化すると、その過程で逆に信頼の喪失という社会的に大きな負の外部性を生じさせてしまうことになる。

このように、社会関係資本のわかりやすいダークサイドとして、反社会的勢力のようにそのネットワーク自体が負の外部経済を生じるものと、腐敗のように市場に内部化しようとする過程で負の外部性を生じるものとの二種類がある。

### 社会の寛容度との関連

社会関係資本はそのほかにも、それが持つ外部性そのものが、ときにはネガティブな効果を生むケースがある。

第２章で触れたように、社会関係資本の基本概念のひとつに、同質な者同士が結びつくボンディング（結束型）な社会関係資本と、異質な者同士を結びつけるブリッジング（橋渡し型）な社会関係資本という区別がある。大学の同窓会、商店会や消防団等の地縁的な組織はボンディングな社会関係資本で、被災者救済のためにさまざまな経歴の人々が集まるNPOなどのネットワークはブリッジングな社会関係資本だ。過去の実証研究によれば、ボンディングな社会関係資本は結束を強化する外部性を持つ傾向があるが、裏を返せば、ネットワークの規範に服さない者は村八分にされる可能性があるのだ。加えて社会関係資本は、一般には健康に良いとする報告が多いが、心の病の場合はボンディングな社会関係資本が悪影響を及ぼすケースがあることが報告されている。親でもあまりに口うるさく子どもに接すると、精神的に疲れ切ってしまうケースもある。

パットナムの『孤独なボウリング』でも「社会関係資本の暗黒面」という章を設けている。そこで彼が論じているのは、社会関係資本の基盤となるコミュニティは、「自由を制約し、不寛容性を促進する(1)」という指摘である。パットナムは、アメリカの社会関係資本が一九六〇年代から一九九〇年代にかけて一貫して失われていったと主張しているが、この過程で逆に、一九九〇年代のアメリカのほうがそれ以前よりも、異人種間の結婚や、働く女性、同性愛者などに対してずっと寛容な場所になったことを認めている。つまり、社会関係資本の毀損が、社会の寛容度を高めたように見える。

この数十年における寛容性の増加は明確かつ広範なものであった。一九五六年には、米国白人の五〇%が白人と黒人は別の学校に通うべきであると答えていた。一九九五年にはそのように答えたものは四%しかいなかった。(中略)一九六三年には米国人の六一%が異人種間の結婚を禁止する法律を支持していたが、一九九八年に支持していたものは一一%にすぎなかった。社会関係資本のほとんどの形態が弱体化していたにもかかわらず――あるいは、おそらくはそれが故に――人種間の社会的橋渡しは強化されていったのである。(2)

実際には、パットナムはこのような議論をした後、これは寛容度の低い二十世紀前半に生まれた人々が、寛容度の高いベビーブーマーとその後に生まれた(ベビーブーマーと違いなんとなく醒めた目で物事を見る)X世代に置き換えられたため生じたもので、その後の世代の寛容度はベビーブーマーと変わらないとしている。したがって、社会関係資本が社会の寛容度を低くするという議論には否定的である。しかし、ボンディングな社会関係資本が社会の寛容度を低めるという側面は否めないのではないか。筆者はある地域でフィールド調査を実施しているが、市民がお互いに足を引っ張るという発言をたびたび耳にしている。この市はそうした否定的な部分を割り引いてもみても、素晴らしい社会関係資本に恵まれた地域である。しかし、少なくとも、社会関係資本の「持ちつ持たれつ」「お互い様」といった互酬性の規範があまりに強すぎると、かえって社会の寛容度を低下させる側面があるように思われる。

「しがらみ」

寛容度の議論とは別に、特にボンディングな社会関係資本の場合は、「しがらみ」の弊害というものもある。『広辞苑』によれば、「しがらみ」とは「水流を塞《せ》きとめるために杭《くい》を打ちならべて、これに竹や木を渡したもの。（中略）転じて、柵《さく》。また、せきとめるもの、まといつくもの」（第六版）とある。本章の冒頭に挙げた携帯世代の若者の人間関係などはまさに「まといつくもの」で、文字通り新形態の「しがらみ」のように見える。「しがらみ」は漢字では「柵」であるので、人間関係を水流にたとえて考えれば、人間関係を塞き止めて、よどませるものとなる。悪いことにこの「しがらみ」は、社会関係資本、特にボンディングのそれと一体で、しかもどこにでも見られる。個別の機関や個人への信頼である特定化信頼は、基本的には、その構築に長期を要するが、関係が長期化するとどうしても「しがらみ」が生じる。個別のネットワークから生まれる特定化信頼は「しがらみ」を生むことが多い。

二〇一〇年春、不正献金問題をふまえた世論調査では七割以上が民主党の小沢一郎《おざわいちろう》に少なくとも幹事長辞職を求めていたのに対して、民主党議員の間からは当初は一向にそうした声が聞こえてこなかった。ワンマンの組織ではこういうことが頻発する。これは筆者から見ればワンマン組織における「しがらみ」の典型例だ。企業でも長期的な関係を前提にすると、上司に言いたいことが言えない、上司の不正を見て見ぬふりをするなどということになる。イトマン事件、エンロン事件、西武鉄道事件などの企業不祥事では、社内からの生え抜きの取締役や監査役は社長の監視役としては役に立たなかった。また、社外取締役でもCEOとの個人的結びつきが強いとやはり「しがらみ」の弊害があり機能しないので、独立性が重視されている。このように、社会関係資本、特にボンディングなそれと「しがらみ」は表裏一体の場合が多い。

## ブリッジング（橋渡し型）な社会関係資本の問題点

ブリッジング（橋渡し型）な社会関係資本は、ボンディング（結束型）なそれよりも「しがらみ」の影響は少ない。しかしその一方、ブリッジングな社会関係資本は、情報の伝播や評判の流布において強い外部性を持つとされているが、インターネット上での根拠のない噂《うわさ》の流布のように、場合によっては悪用される可能性がある。目的や価値観を共有すれば誰でもバックグラウンドを問わずにそのグループに参加できるということは、退出も容易な場合が多く、「お互い様」とか「持ちつ持たれつ」といった規範は通用しないことが多いので、メンバー間の協調性を欠くことが多い。社会関係資本の構成要素である信頼、特に特定の個人や組織に対する特定化信頼は、ネットワークを通じたつきあいの積み重ねで醸成されるが、場合によってはネットワークを通じて、信頼ではなく、逆に不信を膨らませてしまうケースもある。しかも、ネットワークを故意に悪用して特定化信頼を壊すことも十分考えられる。

## 格差を助長する社会関係資本の偏在

社会関係資本自体が偏在していると、格差拡大を助長することも考えられる。前章でも触れたが、ジョン・フィールドは、社会関係資本の不平等に与える影響について、「異なったタイプのネットワークに対するアクセスはきわめて不平等に賦存しているから、社会関係資本は、不平等を助長しうる。誰もが自分のコネクションを自分自身の利益のために使うことができるが、ある種の人々のコネクションは他の人々のものより、より価値がある」と述べている。

親の七光りというが、たしかに親が有力者でさまざまなコネクションを持っていれば、彼らの子弟の人生の可能性は広がる。特に、地盤、看板、かばんが必要といわれる政治家の世界では世襲議員がどこの国でも後をたたない。アメリカのマサチューセッツ州はかつてはケネディ王朝と揶揄《やゆ》されたし、中国でも革命運動の幹部の子弟は太子党とよばれ活躍している。日本でも国会議員の多くが二世・三世議員で占められている。つまり、社会関係資本をより豊富に持つことは、地位や権益に近いということでもある。それどころか、いったん、そうした社会関係資本を手中に収めれば、それは孫子の代まで受け継がれ、格差を一層拡大させる。しかも、敵対するグループのネットワーク、つまり他人の社会関係資本を壊すことさえできるかもしれない。

こうして、もともと不平等に賦存していた社会関係資本がさらに不平等を助長し、それが社会関係資本のグループや個人間の偏在を一層拡大させるという悪循環をもたらす。社会関係資本は、成功へのらせん階段にも没落へのらせん階段にもなり得る。

要するに、社会関係資本は良いことばかりではなく、不祥事の温床になるケースもあるだろう。不平等さえも助長しかねない。第3章では社会関係資本の具体的なメリットを紹介したが、社会関係資本は両刃《もろは》の剣だ。犯罪は社会関係資本で抑制することができるが、社会関係資本が犯罪を助長することもある。筆者を含めた社会関係資本の研究者の多くは、その協調的な側面に魅《ひ》かれているのだが、そのダークサイドにも注意しなければならない。むしろ、そうすることによって、社会関係資本の有用性をより高めることができる。

# 第9章　豊かな社会関係資本を育むために(1)

## 社会関係資本は人々の努力によって変えることができる

すでに見てきたように、社会関係資本は、それぞれが歴史的・文化的な背景を反映したユニークな社会的文脈を持つコミュニティによって育まれる。ときには戦争などの異常事態にも大きな影響を受けるし、テレビなどの技術革新にも影響を受ける。ハルパーンは個人がそれぞれ持つ先天的な遺伝子も、コミュニケーション能力を通じて社会関係資本を形成するとしている。社会的文脈、戦争などの異常事態や、人が持って生まれた先天的遺伝子などについては、どうにもならない。しかし、第4章の図5でも示した通り、社会関係資本は我々自身で作り上げることができる部分も多い。ミクロの個人レベルでの①幼年期の家族との交わりと教育や②ネットを通しての友人・知人関係（情報化技術の影響）、コミュニティレベル（メゾレベル）から見た③近所づきあいのあり方や④都市・住居の構造、マクロで見た⑤経済格差の縮小努力、などは、社会関係資本に大きな影響を与える。

本章では、社会関係資本をどうやって豊かにすることができるか、その作り方について説明しよう。

## ミクロレベルの社会関係資本を育む

個人レベルでは、幼年期の家族との交わり、教育、そしてテレビやインターネットなどの情報技術との関わり方が社会関係資本の形成に深く関連している。特に、幼年期における家族との交わりと、その後の教育は重要である。認知的な価値観である信頼や規範は、家族や教育から学び取る部分が大きい。フランシス・フクヤマは『「信」無くば立たず』の中で次のように述べている。

> 日本では終身雇用が生産性も労働倫理も損なっていないこと、そして実際にはきわめて強力な労働倫理と両立できることは、日本社会における互恵的義務の力を証明するものだ。（中略）義務感は正式なものでも法的なものでもない。完全に内面化された把握しがたい社会化の一プロセスなのである。日本の学校教育は子供たちに適切な「道徳的」態度を教えることに尻込《しりご》みしない。(2)

フクヤマの評価はやや買いかぶりで、今となっては懐古趣味的でさえあるが、幼年期における家族とその後の教育が他者との接し方やコミュニケーション能力を培い、ネットワークの形成能力を養うのは事実だろう。また、教育は人の心を広く拓き、個人と社会とのつながりを自覚させ、社会貢献などの利他的行動の重要性についての認識を育む側面もある。教育によって、他人との交際範囲が潜在的に広がる。他人との接触の範囲を広げ、つきあいを深めていく過程で、「持ちつ持たれつ」の互酬性の規範が培われていく。

社会関係資本に関する実証研究でも、教育が社会関係資本の醸成に大きく影響しているものは多い。たとえばアスレイナーは「教育水準は人種とともに一般的信頼の最も重要な説明要因だ[3]」としている。また、ケンブリッジ大学のスリア・イエールらによる全米二万四三八四人のデータに基づく分析でも、教育程度が高いほど、社会全般への一般的信頼、人種間の信頼、市民活動への参加、友人とのネットワークの多様性、グループ活動への関与、信仰関連の活動への参加の度合い、インフォーマルな社交の頻度などが高い。つまり、社会関係資本ないしはそれと密接に関わっていると思われる属性は、教育によって醸成されるとしている。

しかし、社会全般への一般的信頼に関していえば、ことはそう単純ではない。パットナムの『孤独なボウリング』によれば、社会全般への信頼は世代別に見れば安定しており、過去三〇年間、アメリカにおける一般的信頼の低下は基本的には世代交代によって生じている。この間、アメリカ国民の中に占める大卒者比率は大幅に上昇したが、教育水準のより高い若年層ほど一般的信頼が低い。

日本でも都道府県別に見た筆者の推計によれば、教育水準が高ければ高いほど、むしろ市民活動は低調となるという逆相関になっている。つまり少なくとも、大学教育に関していえば、教育が社会関係資本を育むという関係は見られず、逆に教育は社会関係資本を壊すという結果になっている。大卒者の比率が高い都道府県は、競争も激しく逆に社会関係資本が毀損されている地域ということだろう。つまり、教育水準が高い地域は忙しすぎて、市民活動や地域でのネットワークづくりどころではないということだろうか。このパラドックスはまだ解けていない。

しかし、筆者の研究によれば、日本では高卒人口比率が高い地域と内閣府の都道府県別社会関係資本指数との相関は正であり、しかも関連が高いので、社会関係資本の醸成には大学教育よりもむしろ高校までの教育が重要であることを示唆しているのかもしれない。もしそうだとすれば、大学教育を改革するか、高校までの教育を学問だけではなく、人間関係重視にしていく必要があるということになるが、具体的に何をするべきかはまだ定かではない。

とはいえ、孤立がよくないこと、幼年期の人間関係が重要であることは立証されているように思われる。大学に入っても孤立をさせないカリキュラム編成、高校までの教育でも早い時期からチームワークの価値を具体的に教えることが重要だろう。

テレビやインターネットなどの情報技術の社会関係資本への影響についても、教育が社会関係資本に与える効果の場合と同様に、さまざまな議論がある。パットナムはテレビについて社会関係資本を毀損させたと評価し、「テレビ娯楽への依存は、市民参加低下を予測する単なる有意な予測変数ということにとどまらない。それは、これまで筆者が見つけた中で唯一最も一貫した予測変数である」[4]と述べている。しかし、テレビを社会関係資本毀損の主因とする考えには、アスレイナーやピッパ・ノリスの反論がある。

インターネットが社会関係資本にどのような影響を与えるかについてもさまざまな議論がある。アスレイナーは、クロスカントリーデータを用いて、インターネットの普及度と社会全般に対する信頼との相関を見て、インターネットの普及率が高い国ほど、社会全般に対する信頼が高いとしている。一方、ノリスは、わずかではあるが、インターネットにはボンディング（結束型）な作用のほうがブリッジング（橋渡し型）な作用よりも強いと分析している。また、人種間や階級的な分断を接合するにはほとんど役に立っていないが、世代間の結びつきを強化するという意味では、ブリッジングな役割を持っているとしている。

インターネット利用をめぐる日本の現状についてはどうだろう。国立教育政策研究所の岩《いわ》崎《さき》久美子《くみこ》は、「職場におけるコンピュータ利用に関する調査」の分析の中で「インターネットによるコミュニケーションは、近くの人間との親密度を減らす一方、遠くにいる者とのコミュニケーションを密にするパラドックスを生じさせる」と述べている。

これに関連して、中央大学の松田美佐《まつだみさ》によれば、携帯によるメールは友人のタイプを広げたが、友情自体を多様化させたわけではないという。携帯への着信に答えるか否かの選択権はあくまでも携帯の所有者にあり、若者の携帯を通じたつきあいは、お互いに選択し合った親友同士の連絡であり、こうした関係はきわめて同質的なものであるという。また、インターネットでは、社会的な紐帯を新たにつくり維持する可能性は高まるが、実際に面談する機会を減少させてしまう傾向がある。しかし携帯の所有者の大部分は、携帯を所有することによってむしろ他人との接触が増えたと感じているという。

日本における情報化技術については、パソコンだけではなく、携帯によるメール利用が普及しているのが特徴である。パソコンと携帯メールの利用が人々の関係にどのような影響を与えたかについて、明治学院大学の宮田加久子《みやたかくこ》は、山梨県の成人一三二〇名を対象とした研究を実施し、人々のネットワークを、①支援してくれる紐帯の数、②多様性、③大きさの三つの観点から比較している。それによると、メールの内容は、携帯によるものは近隣の人々宛《あて》が多く、パソコンによるものは遠隔地の人宛が多い。また携帯メールは、親しい友人や家族宛で、心の絆を維持したり、待ち合わせやその他の日常的な活動のためのものが多く、携帯メールを多く発信するものは支援の紐帯を多く保有している。一方、パソコンを通じたメールは、家族や親友といった強い紐帯だけではなく、単なる知り合いなどの弱い紐帯との間でも交換され、待ち合わせのために利用されることはまれである。また、パソコンによってメールを発信する者は、ネットワークがより大きく多様である。

宮田はこれらの実証研究をさらに一般的信頼にまで拡張し、山梨県の独自のデータに基づき、オンラインでの一般的信頼が増大すると日常生活の中での一般的信頼も高まるという、スピル・オーバー効果を見出しており、情報化技術の社会関係資本への影響に関する考察に新たな一石を投じている。携帯の影響については否定的な見方も多いが、社会関係資本に関していえば、使い方次第で社会関係資本を育てるツールにもなるということだ。

東日本大震災ではメールは駄目でもツイッターが人々の間をつないだ。フェイスブックやミクシィなどのソーシャル・ネットワーク・サービスやYouTubeなどの動画サイトも情報交換の場を提供した。ただ、高齢者はどうしてもこうした情報化技術には取り残されてしまう。今の時代は子どもたちだけではなく、高齢者にも情報化技術に慣れ親しむ教育が必要なのではないか。孤立防止にも有効であろう。

### マクロレベルの社会関係資本を育む

第7章で見たように、マクロレベルでの社会関係資本の形成（毀損）要因として経済格差が挙げられる。

社会関係資本の分野での通説は、経済的に平等な社会が社会関係資本を育み、不平等が社会関係資本を毀損するという考え方である。第7章で指摘したように、データを分析すると経済格差が社会関係資本の形成に大きな負の影響を与えることが示唆されている。特に所得格差ではなく、資産格差が社会関係資本の形成を大きく阻害するのではないかとするデータが提示されている。つまり、格差が拡大する中で、これ見よがしな富の見せびらかしは避けるほうが賢明だ。また、格差是正のための所得分配策、特に世代間を通じての格差拡大を招かないように、ある程度の所得税の累進課税強化と相続税の税率引き上げは社会関係資本の維持の観点から必要である。

### コミュニティレベル（メゾレベル）での社会関係資本を育む

コミュニティレベル（メゾレベル）では経済的な平等に加えて、街のあり方そのものも社会関係資本の醸成に関連している。住民の構成、市民活動、住民の移動、通勤の難易度、住区の構造などが社会関係資本を形成する。日本では、所得水準が異なる世帯がひとつの地域コミュニティに混在して生活していることが多いが、欧米では富裕層と貧困層、異なる人種がそれぞれ別々の地域コミュニティに居住していることが多い。しかも、類は友を呼ぶ(homophily)傾向があり、地域コミュニティは同じような階層が集まりやすい。この場合は、ボンディング(結束型)な社会関係資本は形成されるが、ブリッジング(橋渡し型)な社会関係資本を形成する機会は少なくなる。

市民活動は、地域コミュニティにおける多様なネットワークを形成し、信頼や規範を醸成する。ネットワーク形成力から市民活動を社会関係資本の代理変数としてとらえる計測方法も多い。パットナムは『哲学する民主主義』で、市民活動はメンバー同士がどのような関係にあるかによって、メンバー同士が対等な関係にある水平的な組織とヒエラルキーのある垂直的な組織を対比し、前者のほうが対外的に開かれて進取の気象に富んでいる一方、後者は垂直的な閉じた組織で腐敗しやすいとした。水平的な組織のほうは、技術革新や評判の伝播には向いているが、メンバーの退出が容易で互酬性の規範やそれに基づく戦略的な信頼は維持しにくい。対照的に、垂直的な組織のほうは、メンバーが固定化しているため規範が確立しやすく、メンバー間の信頼は厚いが、対外的には排他的になりがちである。また、市民活動を逆の面からとらえると、市民活動に参加しない、孤立した人をできるだけつくらないという視点も重要になる。

住民の移動と通勤の難易度が高くなると、どちらも人々による地域コミュニティにおける活動時間を奪うという意味で、社会関係資本の醸成にはマイナスである。短期間に引っ越しを繰り返す人は地域コミュニティへの帰属意識や一体感が希薄で、地域においてネットワークを形成しようという意識が薄い。

最後に住区の構造も重要になる。たとえば、歩行者天国は、道路を車による輸送や移動の場から、住民の交流の場に変える。ジェイコブズも「孤立して離れ離れになった街区を中心にした近隣住区は、いきおい社会的に非協力な態度をとりがちである」[5]と述べている。ハルパーンは、イギリスのタウンハウス開発で、全戸が接する内庭をつくることによって住民同士の交流がより容易になる例を挙げている。同様に、従来の平屋の街を再開発して高層化するようなケースも、社会関係資本から見れば問題が多い。通りに出ればすぐ顔を合わせることができた街をエレベーターで代替することは難しい。

以上、社会関係資本に影響を与えるさまざまな要因を見てきたが、それぞれの要因はどの程度の影響を持つのだろうか。関係していることはわかっているが、まだ十分に因果関係が明確でないものもある。また、社会関係資本がそれぞれ固有の社会的文脈を持つこともあり、この問いに答えるのは難しい。しかし、平等な社会は総じて社会関係資本が豊かであることは事実であり、経済的格差の拡大は社会関係資本を毀損することは間違いない。今後は、教育、まちづくり、市民活動、情報化なども社会関係資本への影響を十分考慮して制度設計する必要がある。

# 結語

本書では、社会関係資本を概観してきた。社会関係資本は誰もが空気のように当たり前のものとしてきたものだが、現代では希薄になっているのかもしれない。第7章で社会関係資本と格差との関連を見たが、現代社会は格差拡大のほかにも、社会関係資本を壊す変化がそこかしこに潜んでいる。農業から製造業、そして非製造業への移行を伴う経済発展も社会関係資本を壊してしまう。

農業は、コミュニティ単位での協力がなければ成立しないので、大変強い絆が要求される。人々は収穫の喜びを祭りで皆一緒になって分かち合った。まさに地縁社会だ。ときには煩わしく思われるほどの社会関係資本が存在していた。製造業は、農業のようなコミュニティ単位での協力ほどではないが、現場レベルでの協力が必須《ひっす》である。かつての日本の企業は、農業の村社会と同じような社内コミュニケーション重視であり、社縁社会であり、会社が大部分の人々の社会関係資本を形成する核となっていた。小売業も店主と顧客との触れ合いがあった。地縁から社縁に変わったが、そこにはやはり社会関係資本が存在した。

しかし、国際競争のもと、すべての業態で効率化が求められ、仕事が細分化し、誰でもできるようにマニュアル化していき、正社員がアルバイトや派遣などの非正規社員に置き換わり、今日初めて出会った者同士でも仕事ができる。それに伴って、人は、人と人との関係があって初めて存在できる「人間」から「ヒト」というモノになっていった。「ヒト」のモノ化は給料の多寡に無関係に進む。現代で高給をはむ金融業、特に証券会社（投資銀行）では個人プレイがもてはやされ、メンバー間の協力は二の次だが、そこで働く高給取りもやはり「ヒト」である。あっという間に首を切られる点では、高給取りも派遣社員も変わらない。産業の高度化と雇用形態の変化が、社会関係資本を確実に蝕《むしば》んでいく。

また、少子高齢化社会は、少ない子どもたち世代が大勢の親世代に対応するのだから、当然高齢者の孤立リスクが高まる。現代の子どもたちは、六つの財布を持つといわれ、両親、それぞれの祖父母の手厚い庇護《ひご》のもとに大切に育てられる。六人の大人が、一人か二人の子どもの面倒を見るのだから、子どもたちは圧倒的な社会関係資本の受け手として成長する。しかし彼らが成人すれば、逆に一人で六人の面倒を見ることになりかねない。少子化時代では、高齢者は若年世代をあてにはできないのだ。高齢者は高齢者同士で助け合わなければ成り立たない社会、それが少子・超高齢化社会である。しかしそんな状態をいつまで維持できるだろうか。

産業の高度化と少子高齢化は、放っておけば必然的に既存の社会関係資本を壊して、人々を孤立させてしまう。悪いことに、高齢化は経済格差の拡大を確実に伴う。年を取れば取るほど、経済的な勝ち組と負け組の差は開いていくだろう。

経済の金融化も同様に報酬の破天荒な格差拡大を容認する。一九七〇年代、為替が自由化されて為替市場が投機にさらされたさい、欧米の金融政策担当者たちは、投機家をチューリッヒの小鬼どもと呼び、怒りをあらわにした。しかし、今日の証券化を伴う金融の肥大化は、健全な投資家を小鬼どころか妖怪《ようかい》に変えてしまう。二〇〇八年のリーマンショック、それに伴ういわゆる百年に一度の出来事はそれを証明しているように思われる。この過程で新しい社会関係資本が生まれればよいのだが、格差の拡大と金融の肥大化は、階層内での似た者同士の間のネットワークばかりを助長し、社会全体の一体感をもたらす社会関係資本を一層壊してしまう。金融は、社会全般への信頼を基盤としているのに、そこで働く者は皆、社会関係資本のフリーライダー（ただ乗り）であり、むしろ信頼を裏切る行為をしても恬《てん》として恥じることを知らない。

こうして見ると、現代社会には地縁から社縁、そして、無縁への、社会関係資本を壊す仕組みがビルトインされているとさえいえるだろう。二〇一〇年夏には百歳以上の高齢者の行方不明が多数報じられた。行方不明者の家族は何十年も前に見かけたきりだと淡々と話す。この家族は我々の常識を超えており、もはや家族とはとても呼べない。社会関係資本の最も重要な基本単位は家族だが、ここではそれさえも成立していない。当時の菅直人《かんなおと》首相は「社会全体に人間の関係性をずたずたにする要素が強かった。人間と人間のつながりが希薄になっている[1]」とコメントした。

ここ数年、政治家がよく「きずな」という言葉を口にするようになった。二〇〇九年衆議院選挙のさいの民主党のマニフェストには、「縦に結びつく利権社会ではなく、横につながり合う「きずな」の社会をつくりたい」とあった。それでは、「きずな」にはどんな価値があるのか、それを大切にするということは具体的にはどんな政策選択を意味するのか。無縁社会からどう抜け出すのか。

筆者は「きずな」と言うとき、二つの大きな意味があると考える。ひとつは、世の中には市場では評価できない価値があり、行き過ぎた市場化に警鐘を鳴らすというものだ。もうひとつは、「きずな」を壊す経済格差に対する批判である。世の中には市場で評価できない価値がある。経済学者はこれを外部経済といって、制度を工夫することで市場の中に取り込もうとする。しかし「きずな」の持つ価値は、そんなことをしたらかえって壊れてしまう。

二〇〇六年に日本ラブストーリー大賞を獲《と》って、二〇〇九年に映画化された『カフーを待ちわびて』では、（原作にはないのだが）主人公の男性は自分にとって「幸福とは」と尋ねられ、「周りの皆が幸せであること」と答える。ヒロインは「あなたが幸せなら、私は幸せです」と置き手紙を残して去っていく。こうした利他的行動を市場に取り込むことは難しいし、しないほうがよい。ボランティア活動なども含めて、世の中には市場に取り込まないほうがよいことがたくさんある。特に教育や医療は、本来利他的な側面を持っており、それをすべて市場に取り込むことはできないし、もしそうしようとすれば外部経済ではなく、外部不経済が生まれる。

それでは「きずな」を守るためにはどうすればよいか。「きずな」は一朝一夕にはできないが、壊すのは簡単だ。一番簡単な壊し方は、格差を拡大させることだ。格差拡大は富める者と持たざる者の間に軋轢《あつれき》を生み、互いの「きずな」を壊す。人は他人への思いやりなどどうでもよくなり、その場しのぎの行動を取り、それが社会の根幹である信頼関係を壊し、腐敗を生み、さらに格差を拡大させる。アスレイナーはこれを「不平等の罠」と呼んでいる。(2)

つまり「きずな」の重視を標榜《ひょうぼう》するということは、格差に伴う不平等を是正するということだ。特に、教育、医療に関してはやはり政府の責任で不平等を是正する。そのためには、富裕層にそれなりの負担をしてもらう。今まで個人の所得税は累進税率緩和一本槍《いっぽんやり》であったが、「きずな」を重視するという政策は、結局のところ、個人所得の累進税率の見直しを含めた富裕層の負担増を求める格差是正策、つまり、所得再分配策の見直しを意味しているのではないだろうか。

いずれにしても、日本の社会関係資本は、このまま放置していれば蝕まれていく。いまこそ「きずな」を守るために立ち上がらなければならない。とりわけ経済格差の拡大を助長するような施策や、富をこれ見よがしに見せびらかすような風潮は是正していかねばならない。

最後に本書をめぐる社会関係資本にも感謝したい。本書に紹介した筆者の研究を指導していただいた宮川公男先生をはじめとする先輩・同僚の先生方、須坂市をはじめとした地域の皆さん、懇切丁寧なアドバイスをくださった中央公論新社の酒井孝博氏、筆者のアシスタントとして手間のかかる校正作業を手伝ってくださった緒方淳子氏、天野りつえ氏、木村友香氏の皆さんに心から御礼を申し上げたい。また、両親、妻の美津子、二人の息子たちとその家族との「絆」は常に私の心の支えとなった。

（5）アスレイナー『不平等の罠——腐敗・不平等と法の支配』稲葉陽二訳、78-79頁
（6）アスレイナー『不平等の罠——腐敗・不平等と法の支配』稲葉陽二訳、39頁

## 第8章

（1）パットナム『孤独なボウリング』柴内康文訳、433頁
（2）パットナム『孤独なボウリング』柴内康文訳、434頁

## 第9章

（1）本章の議論は稲葉陽二編著『ソーシャル・キャピタルの潜在力』第3部解説に依っている
（2）フランシス・フクヤマ『「信」無くば立たず』加藤寛訳、287-288頁
（3）エリック・アスレイナー、*The Moral Foundations of Trust*
（4）パットナム『孤独なボウリング』柴内康文訳、280頁
（5）ジェイン・ジェイコブス『アメリカ大都市の死と生』黒川紀章訳、203頁

## 結語

（1）読売オンライン2010年8月5日
（2）「不平等の罠」の実証分析はアスレイナー著、稲葉陽二訳(2011)『不平等の罠——腐敗・不平等と法の支配』日本評論社を参照されたい

ニティ組織への参加率、地域や学校などの公的会合への出席率、ボランティア活動への参加回数、友人を家庭で歓待した回数、「人は信頼できる」への賛成率などの世論調査によるデータも含めている

第5章

（1）Bruhn, J. G. & Wolf, S.（1979）『ロゼト物語』

（2）Bruhn and Wolf（1979）『ロゼト物語』稲葉陽二訳、136頁

（3）長野県須坂市保健補導員会編（2008）『須坂市保健補導員会50年のあゆみ』

第6章

（1）本項から「退職前後の変化」までは稲葉陽二「定年後のソーシャル・キャピタル」稲葉陽二編『ソーシャル・キャピタルの潜在力』に依っている

（2）アメリカ81%、韓国・フランス67%、ドイツ59%に対して日本は47%

（3）アメリカ31%、日本・フランス27%、韓国16%、ドイツ13%

（4）アメリカ36%・34%、韓国40%・20%、ドイツ52%・23%、フランス34%・22%に対して日本はそれぞれ24%・9%

第7章

（1）浅子和美他編『現代経済学の潮流2008』213頁

（2）Wilkinson, *The Impact of Inequality: How to Make Sick Societies Healthier*, 稲葉陽二訳、55-56頁

（3）Wilkinson, *The Impact of Inequality: How to Make Sick Societies Healthier*, 稲葉陽二訳、200頁

（4）Uslaner, *The Moral Foundations of Trust*, 稲葉陽二訳、181頁

ラワーとハーヴァード大学のニコラス・クリスタキスがこのデータを用いて、肥満は伝播するという研究結果を発表したあと、幸せも伝播するという研究結果を発表した

## 第3章

（1）伊藤邦雄「経営革新への視野を広げよ」『日本経済新聞』2010年8月12日

（2）若林直樹（2009）『ネットワーク組織――社会ネットワーク論からの新たな組織像』有斐閣、309頁

（3）パットナム『孤独なボウリング』柴内康文訳、375-376頁

（4）パットナム『孤独なボウリング』柴内康文訳、377頁

（5）「つながる6」『読売新聞』2007年11月20日

（6）辻中豊、ロバート・ペッカネン、山本英弘（2009）『現代日本の自治会・町内会――第1回全国調査にみる自治力・ネットワーク・ガバナンス』木鐸社

（7）たとえば *Social Science and Medicine* という雑誌だけでも、社会関係資本と入力すると2376件もヒットする。範囲を他の学術誌全体に広げると7万3509件ヒットする

（8）パットナムは、ロベルト・レオナルディとラファエラ・ナネッティとの3人で20年間にわたってこのイタリアの州政府の効率の違いを研究した。彼らは①政策過程、②政策表明、③政策執行の側面から12の指標を各州政府について作成し、さらにそれらをまとめた州別パフォーマンス指数を作成した

（9）内閣府『平成16年版国民生活白書』1頁

## 第4章

（1）パットナム『孤独なボウリング』柴内康文訳、310頁

（2）ただしこれは、大統領選への投票率、人口1000人あたりの非営利組織数、人口1000人あたりの市民・社会組織数などの客観的データに加えて、イタリアの州別指数にはなかったコミュ

(4) ロバート・パットナム『孤独なボウリング』柴内康文訳、28頁
(5) 講談社学術文庫、178頁
(6) Social Capital—Its Development and Use, in *Foundations of Social Capital*, 稲葉陽二訳、78頁
(7) ジェイコブズ、*The Death and Life of Great American Cities*『アメリカ大都市の死と生』黒川紀章訳（1961）
(8) *The Death and Life of Great American Cities*, 138頁、黒川訳は意訳であるため稲葉訳
(9)『アメリカ大都市の死と生』黒川紀章訳、156頁
(10) *Foundations of Social Capital*, 稲葉陽二訳、106頁
(11) ジェラード・デランティ『コミュニティ——グローバル化と社会理論の変容』山之内靖・伊藤茂訳（2006）

## 第2章

(1) パットナム『孤独なボウリング』柴内康文訳、14頁
(2) ブルデュー "The Forms of Capital", J. E. Richardson (ed.), *Handbook of Theory of Research for the Sociology of Education*, Greewood Press, pp. 241-258. 引用部分は辻中豊訳
(3) 本項からは稲葉陽二編著『ソーシャル・キャピタルの潜在力』「序章」と「ソーシャル・キャピタルの経済的含意——心の外部性とどう向き合うか」『計画行政』第28巻4号によっている
(4) サン＝テグジュペリ『星の王子さま』河野万里子訳（2006）、新潮文庫版
(5) アメリカのマサチューセッツ州にフラミンガムという町があり、ここではハーヴァード大学医学部が長期にわたり、住民の、主に心臓病のデータを得るために調査研究をしている。2007年にカリフォルニア大学サンディエゴ校のジェームス・フ

# 注

## はじめに

（1）原田曜平（2010）『近頃の若者はなぜダメなのか――携帯世代と「新村社会」』光文社新書、68頁
（2）ミラー・マクピアソンらの研究による
（3）日本大学の菅野剛准教授の研究による
（4）大妻女子大学の石田光規博士の研究による
（5）ただし、この数値は過年度分を含んでいる可能性がある。

## 第1章

（1）MSN 産経ニュースによれば、『ニューヨーク・タイムズ』紙（電子版）3月11日「日本の人々には本当に高貴な忍耐力と克己心がある」「これからの日々、日本に注目すべきだ。間違いなく学ぶべきものがある」、ロシア独立系紙『ノーバヤ・ガゼータ』紙（電子版）同13日「日本には最も困難な試練に立ち向かうことを可能にする『人間の連帯』が今も存在している」、『中国新聞』同14日「落ち着いて秩序を守る日本国民の強靭さは鮮明」などの報道が多数なされた。また、3月16日 CNN テレビ放送では、2005年にアメリカで起きたハリケーン「カトリーナ」や2010年に起きたハイチ大地震を例に「災害についてまわる略奪や無法状態が日本で見られないのはなぜか」について視聴者から意見を募集し、「敬意と品格に基づく文化だから」「愛国的な誇り」などの意見が出された、と報じている
（2）「今を読み解く」『日本経済新聞』2011年5月1日
（3）引用はすべてちくま文庫『井伏鱒二文集　第3巻　釣の楽しみ』より

辻中豊・山内直人（編著）（2019）『叢書ソーシャル・キャピタル第5巻　ソーシャル・キャピタルと市民社会・政治――幸福・信頼を高めるガバナンスの構築は可能か』ミネルヴァ書房
川島典子（2020）『ソーシャル・キャピタルに着目した包括的支援――結合型SCの「町内会自治会」と橋渡し型SCの「NPO」による介護予防と子育て支援』晃洋書房

研究方法と新しい社会関係資本論について

エリノア・オストロム他著、茂木愛一郎他監訳（2002・訳2012）『コモンズのドラマ――持続可能な資源管理論の15年』知泉書館
イチロー・カワチ他著、藤澤由和・高尾総司・濱野強監訳（2008）『ソーシャル・キャピタルと健康』日本評論社
涌井良幸（2009）『道具としてのベイズ統計』日本実業出版社
吉野諒三・林文・山岡和（2010）『国際比較データの解析――意識調査の実践と活用』朝倉書店
ジェフリー・リフキン著、柴田裕之訳（2014・訳2015）『限界費用ゼロ社会――〈モノのインターネット〉と共有型経済の台頭』ＮＨＫ出版
マシュー・サルガニック著、瀧川裕貴他訳（2018・訳2019）『ビット・バイ・ビット――デジタル社会調査入門』有斐閣
佐藤嘉倫・稲葉陽二・藤原佳典（2021印刷中）『AIはどのように社会を変えるか』東京大学出版会

『災害復興におけるソーシャル・キャピタルの役割とは何か――地域再建とレジリエンスの構築』ミネルヴァ書房
イチロー・カワチ、高尾総司、S.V.スブラマニアン（編）近藤克則・白井こころ・近藤尚己（監訳）（2013・訳2013）『ソーシャル・キャピタルと健康政策――地域で活用するために』日本評論社
稲場圭信・黒崎浩行（編著）（2013）『叢書　宗教とソーシャル・キャピタル――震災復興と宗教』明石書店
辻竜平・佐藤嘉倫編（2014）『ソーシャル・キャピタルと格差社会――幸福の計量社会学』東京大学出版会
石田光規（2015）『つながりづくりの隘路――地域社会は再生するのか』勁草書房
ロバート・パットナム著、柴内康文訳（2015・訳2017）『われらの子ども――米国における機会格差の拡大』創元社
露口健司編著（2016）『叢書ソーシャル・キャピタル第2巻　ソーシャル・キャピタルと教育――「つながり」づくりにおける学校の役割』ミネルヴァ書房
佐藤嘉倫編著（2018）『叢書ソーシャル・キャピタル第7巻　ソーシャル・キャピタルと社会――社会学における研究のフロンティア』ミネルヴァ書房
大守隆（編著）（2018）『叢書ソーシャル・キャピタル第3巻　ソーシャル・キャピタルと経済――効率性と「きずな」の接点を探る』ミネルヴァ書房
金光淳（編著）（2018）『叢書ソーシャル・キャピタル第4巻　ソーシャル・キャピタルと経営――企業と社会をつなぐネットワークの探究』ミネルヴァ書房
遠藤薫（編）（2018）『ソーシャルメディアと公共性――リスク社会のソーシャル・キャピタル』東京大学出版会
要藤正任（2018）『ソーシャル・キャピタルの経済分析――「つながり」は地域を再生させるか？』慶應義塾大学出版会

的含意と統計・解析手法の検証』ミネルヴァ書房
埴淵知哉（2018）『社会関係資本の地域分析』ナカニシヤ出版
近藤克則（編著）（2020）『叢書ソーシャル・キャピタル第6巻 ソーシャル・キャピタルと健康・福祉——実証研究の手法から政策・実践への応用まで』ミネルヴァ書房

ネットワーク論

ロナルド・バート著、安田雪訳（1992・訳2006）『競争の社会的構造——構造的空隙の理論』新曜社
ナン・リン著、筒井淳也・石田光規・桜井政成・三輪哲・土岐智賀子訳（2001・訳2008）『ソーシャル・キャピタル——社会構造と行為の理論』ミネルヴァ書房
ダンカン・ワッツ著、辻竜平・友知政樹訳（2003・訳2004）『スモールワールド・ネットワーク——世界を知るための新科学的思考法』阪急コミュニケーションズ
野沢慎司編・監訳（2006）『リーディングスネットワーク論——家族・コミュニティ・社会関係資本』勁草書房

日常生活での社会関係資本の評価

宮田加久子（2005）『きずなをつなぐメディア——ネット時代の社会関係資本』NTT出版
金子勇（2007）『格差不安時代のコミュニティ社会学——ソーシャル・キャピタルからの処方箋』ミネルヴァ書房（専門書だが具体的事例が豊富）
北見幸一（2010）『企業社会関係資本と市場評価——不祥事企業分析アプローチ』学文社
今村晴彦・園田紫乃・金子郁容（2010）『コミュニティのちから——"遠慮がちな"ソーシャル・キャピタルの発見』慶應義塾大学出版会
ダニエル・アルドリッチ著、石田祐・藤澤由和訳（2012・訳2015）

# もう少し社会関係資本について知りたい読者のためのリーディングリスト

（刊行年順）

ロバート・パットナム著、柴内康文訳（2000、2020改訂・訳2006）『孤独なボウリング――米国コミュニティの崩壊と再生』柏書房（必読書で大変読みやすいが、600頁を超える大著）

内閣府国民生活局（2003）『ソーシャル・キャピタル――豊かな人間関係と市民活動の好循環を求めて』国立印刷局

宮川公男・大守隆（編）（2004）『ソーシャル・キャピタル――現代経済社会のガバナンスの基礎』東洋経済新報社

ニコラス・クリスタキス他（2009・訳2010）『つながり　社会的ネットワークの驚くべき力』講談社

稲葉陽二・大守隆・金光淳・近藤克則・辻中豊・露口健司・山内直人・吉野諒三（2014）『ソーシャル・キャピタル「きずな」の科学とは何か』ミネルヴァ書房

坪郷實編著（2015）『ソーシャル・キャピタル』ミネルヴァ書房

内閣府経済社会総合研究所（2016）「ソーシャル・キャピタルの豊かさを生かした地域活性化　滋賀大学・内閣府経済社会総合研究所共同研究　地域活動のメカニズムと活性化に関する研究会報告書」http://www.esri.go.jp/jp/prj/hou/hou075/hou75.pdf 2017年4月20日アクセス

河田潤一（2017）『社会資本《ソーシャル・キャピタル》の政治学――民主主義を編む』法律文化社

## さらに学びたい方へ

### 概論

三隅一人（2013）『社会関係資本――理論統合の挑戦』ミネルヴァ書房

稲葉陽二・吉野諒三著（2016）『叢書ソーシャル・キャピタル第1巻　ソーシャル・キャピタルの世界――学術的有効性・政策

稲葉陽二（いなば・ようじ）

1949年，東京生まれ．京都大学経済学部卒，スタンフォード大学経営大学院公企業経営コース修了（MBA），筑波大学博士（学術）．財団法人日本経済研究所常務理事，日本政策投資銀行設備投資研究所長，日本大学法学部教授等を歴任．現在，日本大学大学院法学研究科講師，東北大学大学院文学研究科リサーチ・フェロー，東京都健康長寿医療センター研究所非常勤研究員．専攻・日本経済論，ソーシャル・キャピタル論．

著書『企業不祥事はなぜ起きるのか』（中公新書，2017）
『ソーシャル・キャピタル——「信頼の絆」で解く現代経済・社会の諸課題』（生産性出版，2007）
『ソーシャル・キャピタルの潜在力』（編著，日本評論社，2008）
『ソーシャル・キャピタルのフロンティア』（共編著，ミネルヴァ書房，2011）
『「中流」が消えるアメリカ』（日本経済新聞社，1996）
『よいリストラ　悪いリストラ』（日本経済新聞社，2001）
『日本経済と信頼の経済学』（共編著，東洋経済新報社，2002）
訳書『不平等の罠——腐敗・不平等と法の支配』（日本評論社，2011）など

ソーシャル・キャピタル入門《にゅうもん》
中公新書 2138

2011年11月25日初版
2021年1月30日7版

著　者　稲葉陽二
発行者　松田陽三

本文印刷　三晃印刷
カバー印刷　大熊整美堂
製　本　小泉製本

発行所　中央公論新社
〒100-8152
東京都千代田区大手町1-7-1
電話　販売 03-5299-1730
　　　編集 03-5299-1830
URL http://www.chuko.co.jp/



Published by CHUOKORON-SHINSHA, INC.
Printed in Japan　ISBN978-4-12-102138-0 C1236

## 中公新書刊行のことば

いまからちょうど五世紀まえ、グーテンベルクが近代印刷術を発明したとき、書物の大量生産は潜在的可能性を獲得し、いまからちょうど一世紀まえ、世界のおもな文明国で義務教育制度が採用されたとき、書物の大量需要の潜在性が形成された。この二つの潜在性がはげしく現実化したのが現代である。

いまや、書物によって視野を拡大し、変りゆく世界に豊かに対応しようとする強い要求を私たちは抑えることができない。この要求にこたえる義務を、今日の書物は背負っている。だが、その義務は、たんに専門的知識の通俗化をはかることによって果たされるものでもなく、通俗的好奇心にうったえて、いたずらに発行部数の巨大さを誇ることによって果たされるものでもない。現代を真摯に生きようとする読者に、真に知るに価いする知識だけを選びだして提供すること、これが中公新書の最大の目標である。

私たちは、知識として錯覚しているものによってしばしば動かされ、裏切られる。私たちは、作為によってあたえられた知識のうえに生きることがあまりに多く、ゆるぎない事実を通して思索することがあまりにすくない。中公新書が、その一貫した特色として自らに課すものは、この事実のみの持つ無条件の説得力を発揮させることである。現代にあらたな意味を投げかけるべく待機している過去の歴史的事実もまた、中公新書によって数多く発掘されるであろう。

中公新書は、現代を自らの眼で見つめようとする、逞しい知的な読者の活力となることを欲している。

一九六二年一一月

中公新書

## 社会・生活



2484 社会学 加藤秀俊
1242 社会学講義 富永健一
1910 人口学への招待 河野稠果
2282 地方消滅 増田寛也編著
2333 地方消滅 創生戦略篇 増田寛也 冨山和彦
2355 東京消滅―介護破綻と地方移住 増田寛也編著
2580 移民と日本社会 永吉希久子
2454 人口減少と社会保障 山崎史郎
2446 人口減少時代の土地問題 吉原祥子
1914 老いてゆくアジア 大泉啓一郎
2607 アジアの国民感情 園田茂人
1479 安心社会から信頼社会へ 山岸俊男
2322 仕事と家族 筒井淳也
2475 職場のハラスメント 大和田敢太
2431 定年後 楠木新
2486 定年準備 楠木新
2577 定年後のお金 楠木新
2422 貧困と地域 白波瀬達也
2488 ヤングケアラー―介護を担う子ども・若者の現実 澁谷智子
1894 私たちはどうつながっているのか 増田直紀
2138 ソーシャル・キャピタル入門 稲葉陽二
2184 コミュニティデザインの時代 山崎亮
1537 不平等社会日本 佐藤俊樹
265 県民性 祖父江孝男
2474 原発事故と「食」 五十嵐泰正
2489 リサイクルと世界経済 小島道一
2604 SDGs(持続可能な開発目標) 蟹江憲史

経済・経営

g1

2000 戦後世界経済史 猪木武徳
2185 経済学に何ができるか 猪木武徳
1936 アダム・スミス 堂目卓生
2374 シルバー民主主義 八代尚宏
2502 日本型資本主義 寺西重郎
2228 日本の財政 田中秀明
2307 ベーシック・インカム 原田泰
1896 日本の経済―歴史・現状・論点 伊藤修
2388 人口と日本経済 吉川洋
2338 財務省と政治 清水真人
2541 平成金融史 西野智彦
2041 行動経済学 依田高典
2501 現代経済学 瀧澤弘和
1658 戦略的思考の技術 梶井厚志
1871 故事成語でわかる経済学のキーワード 梶井厚志

1824 経済学的思考のセンス 大竹文雄
2045 競争と公平感 大竹文雄
2447 競争社会の歩き方 大竹文雄
2575 移民の経済学 友原章典
2473 人口減少時代の都市 諸富徹
1648 入門 環境経済学 日引聡 有村俊秀
2571 アジア経済とは何か 後藤健太
2111 消費するアジア 大泉啓一郎
2506 中国経済講義 梶谷懐
2420 フィリピン―急成長する若き「大国」 井出穣治
2199 経済大陸アフリカ 平野克己
290 ルワンダ中央銀行総裁日記（増補版） 服部正也
2612 デジタル化する新興国 伊藤亜聖